KAWADE
夢文庫

快適！お得！の超実用本

海外旅行の裏ワザ・隠しワザ

この方法だけは知りなさい

平成暮らしの研究会[編]

河出書房新社

カバーイラスト◉朝倉めぐみ
本文イラスト◉関口 尚
◉岩野絵美子

大満足の旅を約束する とっておきの秘策が満載

◉まえがき

　１年間の日本人の海外旅行者数は、今や１７００万人に迫るといわれる。日本人のおよそ７・５人に１人が、年に１度は海外にでかけている計算だ。

　この数が多いか少ないかはともかく、海外に旅行するほとんどの人が、せっかくいくのなら、少しでも快適に、楽しく、安全に、そしてお得に……そう思っているはずである。

　もしも、本書を手にされたあなたがそのような考えをもっているのなら、この「海外旅行の裏ワザ・隠しワザ」を、ぜひ試してみてほしい。

　本書では、海外旅行のあらゆるシーンでお役立ていただけるよう、ありとあらゆる場面での実用的な裏ワザ・隠しワザを網羅《もうら》した。

　空港や機内、ホテルでの快適でムダのない過ごし方から、ひと味ちがった観光地での楽しみ方、トラブルを回避する法、意外なお役立ちグッズや荷造りの知恵、さらにはお得なツアー選びのポイント、混雑時のチケット入手法、ショッピングの極意まで、その数ザッと３００本。

　不慣れな初心者から、リピーター、海外ツウの皆さんまで、これを知っているかどうかで、旅の満足感は段違いになりますゾ。

平成暮らしの研究会

1 旅の持ち物

◉旅名人が教えるお役立ち品の数々

アッと驚く便利ワザ

2 荷物を詰める 超スッキリの裏ワザ

◉整理ベタなあなたの強い味方！

3 ◉旅先の情報はこれでバッチリ！
旅行プラン 後悔なしの納得ワザ

4 ◉より安心、よりお得な秘策を伝授！
チケット、ツアー… 頭のいい知っ得ワザ

5 空港 達人のとっておきワザ

◉出国、座席選び、両替まで

6 ◉狭くて退屈な空間が大変身！

飛行機 疲れ知らずの快適ワザ

7 ◉私だけのゆったりの時間を演出！

ホテル 知っておくべき極上ワザ

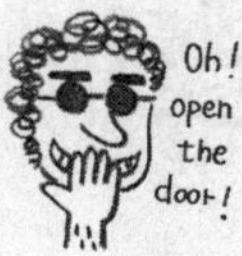

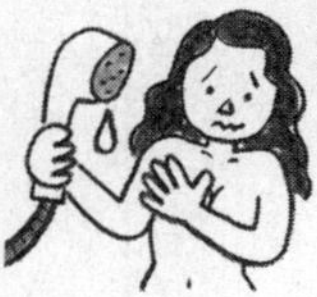

8

健康管理
元気いっぱいの安心ワザ

◉時差ボケからお腹の不調まで

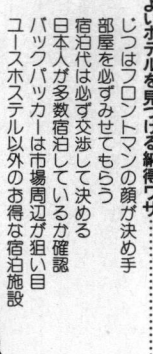

9 観光 ワンランク上の㊙ワザ

◉もっと楽しく、もっと個性的に！

12 身の安全 あなたを守る隠しワザ

◉事件は決して他人事ではない!

13 旅の思い出 こだわりの洗練ワザ

◉大切な写真をもっと素敵に!

1

旅の持ち物 アッと驚く便利ワザ

◉旅名人が教えるお役立ち品の数々

日用品のアッと驚く利用術

●新聞紙はこんなに役立つ

登山には、リュックの隅に新聞紙を忍ばせていけという。いざというとき、下着と服のあいだに着て暖をとれるからだそうだが、海外旅行も、スーツケースの底に新聞紙を敷いていけ、である。現地で購入した新聞をとっておいてもよい。

寒さしのぎではなく、梱包材につかうのだ。小さなフィギュア（人形の置き物）とか、アンティークの皿など、掘り出し物をみつけたとき、のみの市だったりすると箱には入れてくれない。包み方も雑。そこで新聞紙でていねいにくるみ、こわれないようにしてその上からさらにセーターなどでくるみ、ショックに耐えるようにする。

新聞紙をきちんととめられるよう、セロ

ハンテープかガムテープももっていると、なお便利だ。

●洗面器は何かと重宝する

1回分ずつ小分けにした洗剤、小さな洗濯バサミなど、海外旅行に持参すると便利な小物はいくつかあるが、忘れやすいのが洗面器。

ホテルでの下着や靴下の洗濯につかえるほか、バスタブのないシャワーだけの部屋に宿泊したときや、シャワーが高い位置にあって、だしっぱなしで髪を洗うのにはちょっと不便という場合に、重宝する。かさばって荷物になりそうだが、なかは空洞。タオルや下着を詰めておけばいいし、子供用の小さい洗面器を持参する手もある。お土産に壊れ物を買ったとき、保護してくれる容器にもなる。

●水筒一つでとても経済的

海外旅行先では生水が心配なところが多く、だからといってミネラルウォーターやジュースをいちいち買っていては出費がかさむばかり。無駄な出費を抑えたいと思うなら、少々重くても水筒を持参する。ホテルに置いてあるポットの水は一度煮沸《しゃふつ》してあるものだから安心なので、水筒に詰め替えてもっていけばいいし、ホテルの人に頼めばお湯をもらうこともできる。

カセット式のコーヒーやティーバッグの紅茶などをもっていけば、ホテルの部屋で好きなときに飲むこともできるし、水筒があれば温かいコーヒーや紅茶をポットに入れてもち歩くこともできる。

●電気製品は電圧、プラグに注意

214ページでもふれるが、日本で売られている電気製品は、100ボルトの電圧に合わせてつくられているのにたいし、海外で電圧100ボルトという国は少ない。つまり、日本でつかっている電気製品はそのままでは海外でつかえず、変圧器（コンバーター）が必要なのだ。

おまけにプラグの形も国によってさまざまなので、旅行先の形に合わせたプラグをもっていかなければならない。

海外旅行が決まったら、まずもっていく電気製品を書きだし、製品と行き先に合わせたコンバーターやプラグを買うようにしよう。消費電力によってつかうコンバーターもちがってくるからである。

●延長コードは意外に役立つ

もし旅先でドライヤーやアイロンをつかいたいのであれば、荷物のなかに延長コー

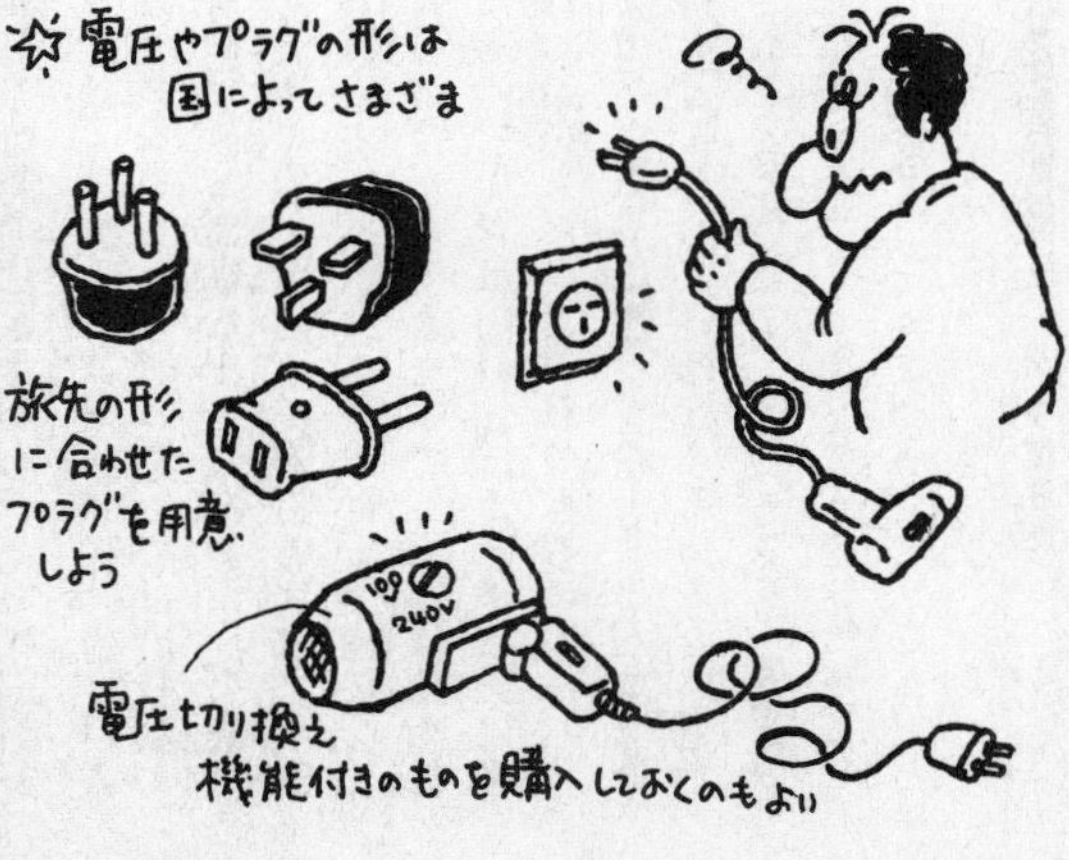
☆電圧やプラグの形は
国によってさまざま
旅先の形
に合わせた
プラグを用意
しよう
100
240V
電圧切り換え
機能付きのものを購入しておくのもよい

ドを加えておきたい。コードを用意しておけば、同室の人がバスルームをつかっているときでも電源がつかえてとても便利。

●長旅にはツメ切りがうれしい

旅の携行品として意外と忘れがちなのがツメ切り。一週間ていどの旅ならツメの伸びもたいしたことはないが、10日以上となると、指先が気になる。日常生活とはちがい旅先では荷物をもったり、カギをかけたり、小物の出し入れをしたりと指先をつかう機会が多いものだ。こんなときツメが伸びていると、とても不便だ。携帯用のツメ切りを忘れずにもっていこう。

●様々な「もっててよかった」グッズ

海外旅行では、意外なグッズが大活躍してくれるケースを紹介したが、このほかにもまだまだたくさんある。そこで旅の達人が教える「もっててよかった」グッズを紹介しよう。

まずうがい薬。日本の湿潤な天候にくらべ、海外は乾燥している地域が多い。風邪の予防のためにも、うがい薬は必需品だ。

スーツケースが破損したようなときの応急処置に活躍するのがガムテープ。洋服のホコリ取りにも効果を発揮してくれるので、もっているとかなり便利。

さらにスリムなペンライトも1本用意しよう。明かりの消えた機内で落とし物をしたときも便利だし、慣れないホテルで電気のスイッチを探すときなどにも重宝する。

そして最後にゴルフボール。床に置いて足の裏で転がすと、ツボが刺激されて、旅の疲れがとれる。

栓のない洗面所や浴室にでくわしても、

栓代わりにできるという秘策も。

●ボールペンの超実用裏ワザ

旅行に、筆記具を一本ももっていかないという人はいない。入国審査の用紙に記入するのをはじめ、さまざまな手続きの書類は複写のものも多く、それを考慮すればボールペンがいちばん便利だろう。

そのペンは、あまり上等でないものにしたい。なぜなら、このペンに、パスポートナンバーを書いた紙をセロハンテープで貼りつけておくと便利だからだ。

ボールペンをつかうシチュエーションというと、出入国の手続きに限らず、両替にしても、ホテルの宿泊カードにしても、パスポートナンバーの記入が求められるときがほとんど。

そんなとき、いちいちパスポートを取り

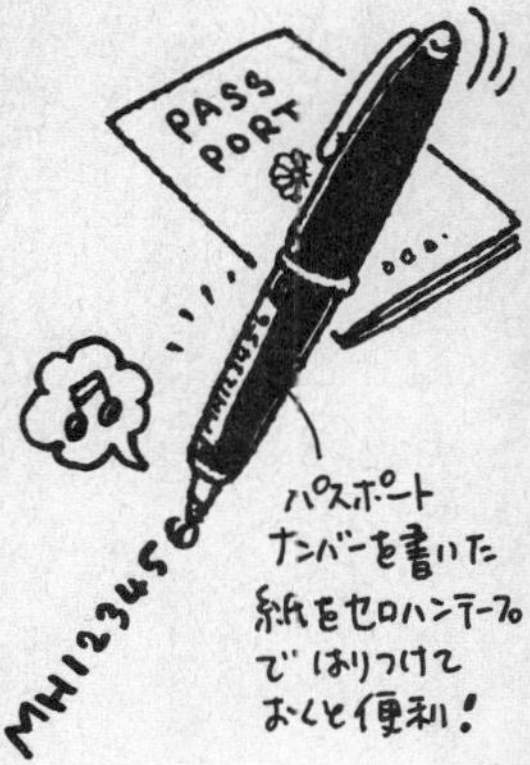
PASS PORT
MH123456
パスポートナンバーを書いた紙をセロハンテープではりつけておくと便利！

出して確認する作業を省くことができ、結果的にパスポートの置き忘れや紛失といったトラブルを防ぐことにもつながる。

万一の場合も安心の荷物術

●パスポート、航空券はコピーを

あってはならないこととはいえ、ときたま旅先でのパスポートの紛失事故が起こる。とりあえず再発行してもらうしかないが、このとき、最初の見開きページのコピーをもっていると、手続きがスムーズにできる。旅券の複製を禁止している外務省が、海外旅行者むけパンフレットですすめているワザである。

同じように、航空券、未使用の鉄道パス、トラベラーズ・チェックなど、再発行してもらえそうなものは、みんなコピーをとって本物と別にしてもっていこう。

縮小コピーするとか、両面コピーにするなど、できるだけコンパクトにする気づかいも忘れずに。

また、余った証明写真があるなら、念のためもっていったほうがよいだろう。

●医師に英語の診断書を書いてもらう

お年寄りや病弱な人が海外旅行にでかけ

る場合、旅先で医師の診断を受けなければならない事態におちいることもありうる。しかし、日本語の通じない国で自分の病状を相手の医師に伝えるのはとても困難。突然の病気なら仕方がないが、持病があるような場合なら、あらかじめ出発前にかかりつけの医師に英文の診断書を書いてもらって持参しておけば安心だ。

自分は病気がちだから海外旅行にでかけられないとあきらめている人も、まず医師にでかけてもいい状況かどうかを相談し、OKであれば診断書を用意していくといった配慮をすれば、旅を楽しむことはできる。

●ふつうの機内食が食べられない人は

糖尿病など、健康上の理由でふつうの機内食が食べられないという人は、出発前に航空会社に問い合わせて、特別メニューが用意されているかどうかを確認しておく必要がある。多くの航空会社が糖分や脂肪分を控えたメニューや低脂肪・低コレステロールのメニューなどを用意しているので、搭乗前に予約しておけば安心だ。

航空会社によっては菜食主義の人のためのメニューや、宗教上の理由などを考慮したメニューなども用意されているので、自分の搭乗する航空会社が決まったら問い合わせてみよう。

●薬は英語名もメモしておく

ごくふつうの痛み止めや熱冷まし、胃腸薬、キズ薬などのほかに、持病のある人はかならずその薬を持参すること。

出発前に診察を受け、薬を処方されたら、その場で薬の英語名を、または現地語名を確認して控えておくと安心だ。もし旅先で薬をなくしても、ふだん服用している薬の名を現地の医者に告げて処方してもらうことができるからである。

家庭常備薬でも、添付の説明書やパッケージに使用成分を英語で表記してあるから、それを控えておくといい。空港で薬の中身を聞かれたときでも、すぐに説明でき、ドラッグでないことの証明がしやすくなる。

●虫歯は治療しておくのが鉄則

頭痛薬、下痢止め、消化薬など、いざというときに備えて薬をあれこれ準備していったのに……旅先で悩まされる医療トラブルの代表が歯痛である。

疲れたりすると起こるので、すっかり忘れていた虫歯が痛みだすというのはよくあること。海外への旅行が決まったら、虫歯の治療を完全にしておきたい。その時間がなければ、鎮痛剤を携行すること。

いざとなったら現地で病院へ、といっても、歯の治療は海外旅行保険の免責事項になっているから、財布に被害が及ぶのを覚悟しなければならない。

●コンタクトレンズは〝使い捨て〟

旅にでるとき、コンタクトレンズは、なんといっても使い捨てタイプが便利だ。旅行の計画があれば、思いきってふつうのものから切り替えるチャンス。きちんと医師の診察を受け、早めに切り替えておこう。

長ければ1週間装着などというものもあり、日数分に加えていくつか余分をもっていけば、「コンタクトを落としちゃって、なにもみえなかった」なんてもったいないことにならないで済む。

使い捨てはどうも……という人は、万が

一に備えてメガネも持参しておこう。外出はコンタクトでも、ホテルに帰ったらメガネと使い分けしてもよい。

現地で何を着る？・旅の服装術

●履物はこれがベスト

海外旅行にいくのなら、靴はやはりスニーカーがベスト。女性の場合はさらにもう一足用意したいが、おしゃれなサンダルが手軽で便利。ディナー用にもなるし、スリッパ代わりに使える。

男性の場合はゴムぞうりがおすすめ。豪華なレストランにいく予定がないときはスニーカーで十分だ。

ガルーダ航空など、機内用のスリッパを配ってくれる航空会社もあるので、これを滞在中に利用するとよい。

●スカートかパンツスタイルか？

なにしろ行動的だからというので、旅行ファッションはパンツスタイルと決めている女性は多い。バックパックで歩き回るリゾート型トラベルならそれもいいが、ヨーロッパの都市を巡るといったような旅のときは、現地でも街に溶け込みやすいスカート姿も捨てがたい。イスラム圏では、パンツ姿のためにトラブルになることもある。

丈の長いフレアスカートなら、飛行機のなかで座っても、ふんわり足を隠してくれて不安はない。それにパンツスタイルよりトイレがラクという利点がある。

パンツででかけても、別に一枚だけスカートを持参すると、ホテルの部屋でくつろぐときなど、解放感が味わえるにちがいない。また、ズボンだと暑苦しいときに着替えると、涼しいこと請け合い。

●旅にピッタリの素材はコレ

昼間の観光地巡りはカジュアルで、夜のディナーにはシックに……そんな旅の服にぴったりなのが、ポリエステルやレーヨン素材のもの。合繊とバカにしてはいけない。さまざまな加工がほどこされ、パンツからワンピースまでデザインも豊富だ。

おまけにくるくる丸めておいてもシワにならず、コンパクトに持ち運べて、夜洗っておけば朝には乾いているという扱いやすさ。織り方もさまざまに工夫されていて、どんな人、どんなシーズンにも合うので、一枚はもっていきたいものだ。

●これでは犯罪者になる！

旅行から帰って「またいきたい」と思えるような、楽しい旅ができる人ばかりではない。なかには思いがけない事件に巻き込まれたりする人がいる。それもロゴやワッペンなど、日本では単にデザインとして通用するものを、おしゃれ気分で着てしまった……という単純な不注意から。

たとえば、政情不安定な国で「Ｕ・Ｓ・ＡＲＭＹ」のネーム入りジャンパーを着た日本の若者が、スパイと間違えられて捕まってしまったことがある。

これほど決定的なミスでなくても、用心

政情の不安定な国では
ファッションに気をつける
U.S.
ARMY

して文字の意味を確かめておくよう心がけたい。大丈夫かどうか判断できない場合は、着るのを避けたほうがいい。

意外に役立つアイテム術

●どんな場所でもスカーフは便利

旅先にもっていける衣装は限られていて、さほどバリエーションを楽しめないし、ドレスアップのための衣装もそうそうもっていけない。

そこで大活躍なのがスカーフ。シンプルなワンピースの上に、スカーフを一枚プラスするだけで、グンとドレスアップした雰囲気を醸《かも》しだすことができるのだ。

大きめのスカーフをもっていけば、冷房の効きすぎで肌寒いときなどにも重宝するし、短パンの上から腰に巻きつけたり、髪の毛を隠すなどすれば、宗教上の制限があってもクリアすることができる。ビーチで水着の上から巻けば、水着では入れないレストランにも入ることができて便利。

●ちょっと贅沢な部屋着をもっていく

海外旅行にもっていく部屋着は、ふだんより少しおしゃれなお気に入りのものをもっていくようにするといい。たとえばシルクなどのパジャマやネグリジェといった具合に、家で着るには少しもったいないなと感じるようなものを選ぶのだ。

せっかくの旅先なのだから、家で過ごす時間とはちがった気分を味わいたいもの。ふだんよりリッチな気分になれる部屋着を用意しておけば、ホテルがリッチならますますリッチな気分になれるし、殺風景でいまひとつという部屋の場合でも、豊かな気分で過ごすことができる。

●リゾート地以外でも水着をもっていく

リゾート地にでかけるときには必需品の水着だが、観光目的の海外旅行のときに水着をもっていく人は少ないだろう。でも、ホテルにはプールやサウナのあるところが多いので、たとえ行き先がリゾート地でなくても水着を一着もっていくといい。チェックインしてから食事までの空いた時間や、朝の出発前などにサッとひと泳ぎできて、とても心地いいものだ。

もしつかわなかったとしても、かさばるものではないので、そのままスーツケースの隅っこにでもヒョイと入れておこう。旅行用の水着を一着用意しておいて、ふだんからスーツケースのなかに入れておけば、でかけるときに忘れることもない。

リゾートのお助けグッズ術

●ビーチには日本手ぬぐいが役立つ

ビーチのリゾートには、日本手ぬぐいをもっていったほうがいい。

タオルは、生地に砂が入りこみやすく、いざ拭こうとすると、砂が手足について汚れ、不快だったりすることがある。その点、日本手ぬぐいなら、生地《きじ》の目が細かいため、砂が入りにくい。

あとで洗うときも、砂が入りこんでいない日本手ぬぐいのほうがラクチン。

また、体に日焼け用のオイルや日焼け止めクリームを塗るので、体がベタベタしがち。このオイルをバスルームでしっかり落とすためにも、日本のおふろで使うザラザラのアカスリタオルをもっていきたい。これで洗えば、さっぱりする。

●ハンカチは2枚用意してでかける

暑い国にでかけるときは、一日に2枚のハンカチを用意してでかけよう。一日1枚あれば十分と考える人も多いが、1枚だと汗を拭いたハンカチで洗った手を拭いたり、汚れ物を拭いたりしなければならない。汗拭き用に1枚、手洗いや汚れ物を拭くために1枚の合計2枚は必要だ。

1枚を大判のものにしておけば、汚れたシートやベンチに座るときも洋服を汚さずに済むし、食事をするときのナプキン代わりにもなって、とても便利だ。

とくに、不衛生な場所を観光するときに役立つはず。

●虫除け、虫刺され薬は必需品

プーケットの海にもぐりにいく、バリで海と山の自然を満喫するなど、自然のなかで過ごすとき注意することは日焼け？　けが？　いや虫刺されだ。日中・夜間を問わず、それにたいする防備は、日本からしていったほうがいい。

現地にも薬はあるだろうが、日本人の肌に合わなかったりする恐れがあるので、日ごろ使い慣れたもののほうが、カブレの心配などがない。日本の虫に効果的でも、外国の虫には？　と不安なら、虫除けスプレー、ジェル、かゆみ止め、絆創膏《ばんそうこう》など数種類用意していけばいい。

蚊取り線香も意外に効果的で、ハンモックでの昼寝のそばで日本の夏が香るというのも粋なものである。

●「リゾートだから薄着」は大間違い

ビーチリゾートにでかけるときはTシャツやタンクトップ、短パンといった身軽な洋服ばかりをもっていってしまいがちだが、これは大きな間違い。たしかにビーチでは問題ないが、ホテルやレストランなどの室内では冷房がガンガン効いていて、かなり寒い。せっかくのディナーも、ブルブル震えながらでは台なし。薄手のカーディガンや大判のスカーフ、ショールなどを1枚はもっていきたい。日本も夏、現地も夏という旅行ではとくに注意しよう。

大判のスカーフやショールの場合、寒いときは肩にかければいいし、必要のないときは腰に巻くなどしてファッションの一部としても利用できるので、とても便利だ。

化粧品の知っトク術

●ベビーオイルは万能化粧品

旅先にたくさんの化粧品をもっていくとかさばるし、重くて大変。でも、ベビーオイルを1本用意しておけば、メイク落としとしてもつかえるし、肌がかさついたときにはクリーム代わりにもなる。またリップクリームとしても、ヘアオイルとしてもつかえる。こんなに便利な万能化粧品であるベビーオイルを、ぜひ1本、化粧ケースのなかに入れてもっていこう。

●化粧品を小瓶に移すびっくりワザ

旅行先にもっていく化粧水やシャンプーなどは、化粧品屋さんでもらった試供品や携帯用の容器入りのものを購入すると便利だが、自分がいつもつかっているものを小分けしてもっていけば安心だし、経済的でもある。

ただ、小さな容器に移すのは、入り口がせまくてたいへん。スポイトがあればいい

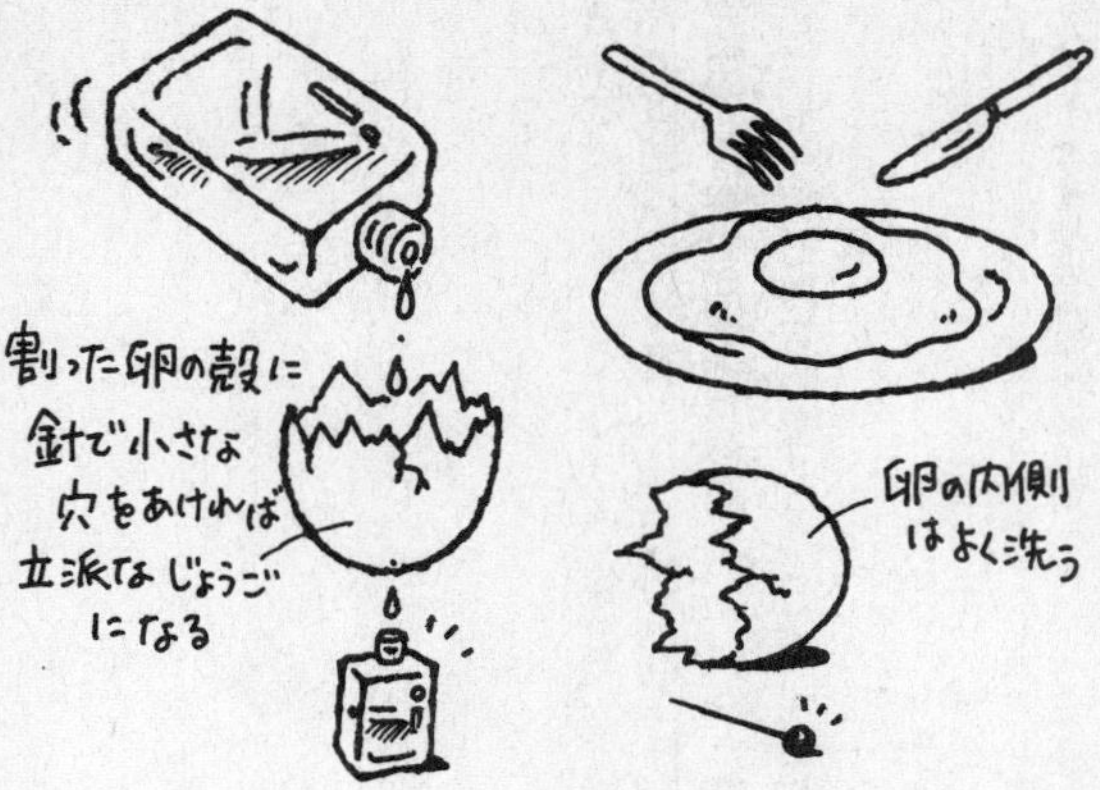
割った卵の殻に
針で小さな
穴をあければ
立派なじょうご
になる
卵の内側
はよく洗う

が、ない場合は卵を一つ用意しよう。割った卵の殻《から》の内側をよく洗い、針で小さな穴を開ければりっぱな「じょうご」のできあがり。小さな入り口のビンにでもこぼさずに移し替えることができる。

乳液のようにドロドロした液の場合は、穴を少し大きめにすればいい。

●化粧品は必ずビニールに入れる

旅行先に着いて化粧品をだしたら、中身がこぼれていて、バッグのなかがベッタリ……なんてことになったら気分も最低。フタをしっかり閉めたつもりでも、機内では気圧の変化でフタが自然にゆるんでしまうので、こうした事故は少なくないのだ。

そんなときのために、酒や化粧品などのビンで一度開封したものは、かならずビニール袋に入れるようにしよう。化粧品などこぼれやすいものは、口が簡単に閉まるジッパー付きの袋のなかに入れておけば安心だ。未使用のミニボトル（携帯用の小さいサイズのもの）を持参するとかさばらないし、噴きでる心配も少ないので、便利。ふだんから海外旅行に備えて、試供品やホテルなどに備えてあるグッズを揃えておくといいだろう。

持っててよかった食品術

●梅干しは疲労回復の特効薬

海外にでて日本食が恋しくなったときのため、荷物に忍ばせていく食べ物の種類は多くなった。フリーズドライやレトルトなど、保存技術が進歩したおかげだ。

味噌汁やラーメンは当たり前、おにぎり、きんぴらごぼう、ひじきの煮物に及んでは、おふくろを旅に連れていくようなものである。しかし、そんなもののなかった時代、日本の味の定番は梅干しだった。これとお茶、せいぜい海苔で、油っぽい料理に疲れた舌と胃を休めたものだ。

なんでもありになった海外旅行のお供にも、梅干しはやっぱり必需品だ。味わいだけでなく、酸性にかたよりがちな体調をアルカリ性に整えてくれる疲労回復の特効薬であり、昔ながらの殺菌効果も望めるスグレモノなのだ。

●料理に飽きたら醤油で和風に

旅にもっていきたい調味料の代表が「しょうゆ」だ。小さなパックのしょうゆを、荷物のなかにぜひ加えておきたい。

外国の料理では、メインディッシュに専用のソースがかかったりしているが、そこにしょうゆを垂らせば、たちまち日本の香り、日本の味わいが加わる。ソースのない料理にでも、ちょっとかけて食べれば、また新しい味を感じることもできる。

●コンドミニアムの基本ワザ

長期の滞在やグループ旅行、子供連れのファミリー旅行などのときは、ホテルよりコンドミニアムを利用すると便利。

コンドミニアムには基本的な生活必需品が揃っているし、キッチンには調理用具や食器類一式が揃っているので、さほど細かいことを考えて用意していく必要はない。ただ、調味料は置いていないことが多いので、塩やコショウ、砂糖などつかいそうな調味料は小ビンに詰めて日本からもっていったほうがいいだろう。現地で買ってもいいが、数回の料理のために買い揃えるのはもったいないし、残ったからといって捨ててしまうのもしのびない。かといって日本にもち帰ると、そのぶん荷物が重くなるし、かさばってしまうからだ。

現地の人が喜ぶお土産術

●ガイドさんなどにはコレ

海外旅行先でお世話になるガイドさんや、親切にしてくれた人などに持参するお土産にはどんなものがいいのだろう。旅行先にもっていくのだから、かさばらず、軽いことが条件だし、ちょっとした気持ちなのだから、価格はさほど高くなくてよい。さらに、実用的であり、伝統と現代感がミックスされたもの……。

具体的には、いまやすっかり定番となった扇子をはじめ、カード式の電卓、ハイブリッドのカラーボールペンなどがある。日本のものほど小さくて、デザインが豊富な電卓はほかにはないし、外国のボールペンはシンプルなものしかないので、かなり喜ばれること間違いなしだ。さらに、カートリッジタイプの筆ペン、英文解説付きのお線香とか、形やデザイン、キャラクターの凝った日本のお菓子なども人気の一品。和紙でできた折り紙やつまようじ、はし置きなども、軽いし、かさばらないし、おまけに価格が安いのでおすすめだ。

　意外なことに、欧米人に喜ばれること間違いなしの品が、なんと耳かき。欧米には綿棒しかないため、あのカリカリ感を欧米人は知らないのである。一度体験すると病みつきになるとの噂もあるので、プレゼントすれば感動してもらえるかも。

●現地に住む日本人にはコレ

　留学中の友人のいる町へ遊びにいきたい、あるいは長く海外赴任している友人と旧交を温めたい……といった旅で、お土産に持参して喜ばれるものといったら、現地で買いたくても買えないもの。

　食べ物は、最近はよほど辺鄙《へんぴ》な土地でないかぎり、たいていの都市で日本食が買えるし、食材も豊富になっている。

　そこでひとひねり、いちばん新しいベストセラー本とか、こちらのテレビ番組を録画したものなどを選んでみよう。もちろん相手の好みは、事前にリサーチしておきたい。日本だけで読める週刊誌や月刊誌のほか、現地で入手しにくい単行本なども喜ばれる。

2

◉整理ベタなあなたの強い味方！

荷物を詰める超スッキリの裏ワザ

荷造りの極意

●スーツケースは3割の余裕を残す

海外旅行というと、あれもこれももっていきたくなってしまうものだが、スーツケースがパンパンになるほど詰め込んでしまっては、帰ってくるときに大変。どうしてもお土産などで荷物が増えてしまうからで、出発のときは、スーツケースのなかに3割ぐらいの余裕をもたせておくようにしよう。

それが無理というなら、小さくたためるボストンバッグや、ナイロンか布製の小バッグ、トートバッグなどを一つ余分にもっていこう。現地でのショッピングなどにも利用できるし、帰国時の手荷物入れとして利用すれば、わざわざ現地で調達する必要もない。

●重いものはスーツケースの下に

スーツケースに荷物を詰めるときは、下に重いもの、上に軽いものを入れるのが基本と覚えておこう。バランスが安定するので、持ち運びしやすくなる。たとえば、旅先で読む本などは下にし、着替えは上といった具合だ。

キャスターつきのスーツケースの場合は、キャスターのある下側に重いものをまとめて入れよう。

また、ジャケットやワンピースなどシワになりやすいものはフタ側に入れ、Tシャツやセーター、タオル類などはクルクル巻いて詰め物代わりにすると便利。

そして、スーツケースをとにかく軽くしたいと思ったら、「もっていこうかどうしようか」と迷ったものは思いきって置いていくことである。

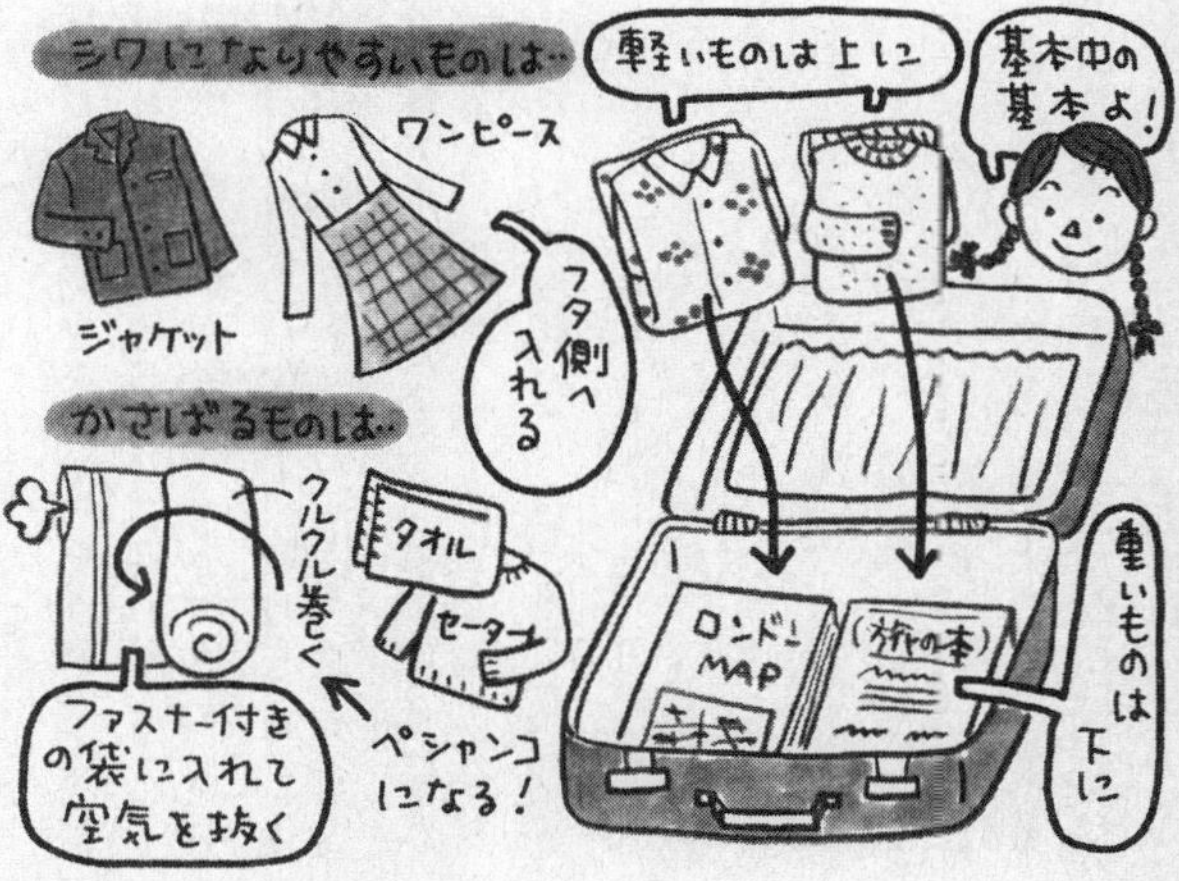

●足りないものは現地で買う

海外旅行はサバイバルではないのだから、何から何までもっていく必要はない。荷物はできるだけコンパクトなほうが行動しやすいし、何か足りないものがあってもたいていは現地で買える。たとえば衣料品。現地に着いて予想以上に寒かったり暑かったりしたら、現地の店で気候に合ったものを買えば済むこと。ちょっとした雑貨なら、日本にはないようなデザインのものが安く買えることもある。お店の人とのコミュニケーションも楽しいし、日本に帰ってからも思い出として残るので一石二鳥。

●リュックは重いものが上

リュックサックやバックパックに荷物を詰めるとき、ついつい重い物を下に、軽い物を上にしてしまいがちだが、これはまったくの反対。スーツケースに詰めるときとは逆だ。重い物を下にすると、後ろにひっぱられるような感じがして疲れてしまう。リュックなどを背負っているときは、やや前かがみの姿勢になっているので、なるべく背中の高い位置に重いものがあるほうが、体全体で重みを支えることができるので、疲れない。

ただ、いくら軽いからといっても、いざというときに必要な雨具などを下に入れてしまっては意味がない。救急セットや雨具などは、だしやすいサイドポケットなどに入れておこう。

あとは左右のバランスが崩れないように注意し、リュックのなかで物が動かないようにきっちり詰める。さらに背中に硬いものが当たらないよう、タオルなどを使ってデコボコしない工夫も忘れずに。

収納しづらい荷物の極意

●ラップの芯を利用する

旅行先でズボンやスカートをスーツケースから取りだしたら、折りジワやたたみジワがバッチリついていておおいに困った、なんて経験のある人も少なくないはず。

　こうしたシワを防ぐには、キッチンペーパーやラップの芯を利用して、ズボンやスカートを巻き物のようにクルクル巻いておけばいい。巻くときにシワがつかないように、スソをひっぱりながら巻いていくのがコツ。芯のなかにはアクセサリーなどの小物を収納することもできるから、とても便利だ。

　ラップなどの芯がない場合は、旅行に携帯するフェイスタオルなどで芯をつくる方法もある。

●スカーフをシワをつけずにしまう

着こなしのバリエーションが広がるスカーフは、海外旅行にも何枚かはもっていきたいアイテム。でも、シルクなどのスカーフはフワフワと軽くておさまりが悪く、きちんとたたんで収納するのはけっこうむずかしいものだ。

そんなとき役立つのが、食品保存用のファスナー付きポリ袋。きれいに折りたたんで一袋に1～2枚ずつ入れておけば、ひと目で中身がわかるし、少し空気を残すようにしてファスナーを閉めておけば折りじわもつきにくいので重宝する。

●傷つきやすい「指輪」もこれで安心

指輪は一つの箱にごちゃごちゃ入れると傷がついてしまうので、なかが1個ずつ区切られた宝石箱に入れておくのがベスト。でも、旅行のときはどうしても重く、かさばってしまうのが難点だ。

そこで次ページのイラストのように、フェルトをクルクルと巻き、そこに指輪を通してもっていこう。古くなった手袋の指の部分だけを切り取り、中に綿を詰めたものでもOK。どちらも軽いし、場所もとらない。旅行以外のふだんの収納ワザとしても利用できる。

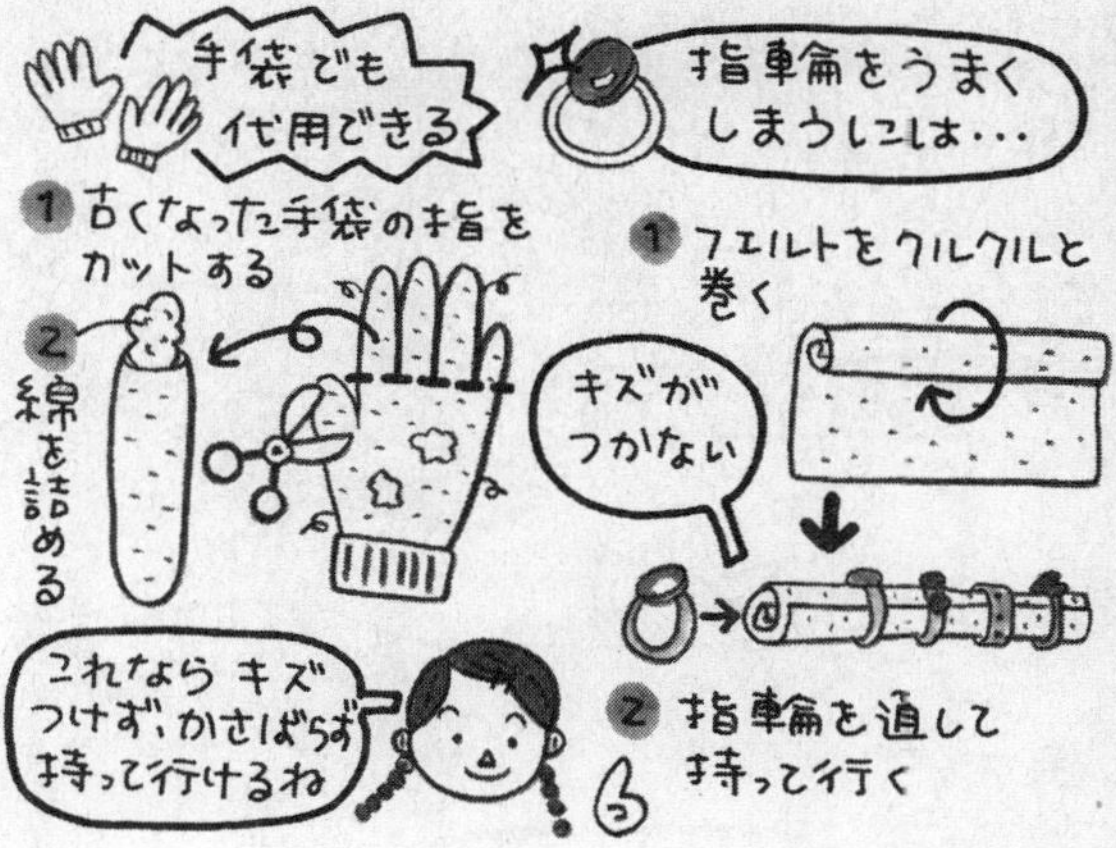

●パンプスはストッキングに入れる

スーツケースに詰めるとき、おおいに困ってしまうものの代表選手がパンプス。型崩れしないように箱に入れるとあまりにかさばるし、そのまま入れるとつぶれてしまうし……。

こんなとき大活躍するのがストッキング。破れて捨てるだけのストッキングを膝のあたりでチョキンと切って、上の部分はパンプスの爪先に詰め、膝から下の部分にパンプスを入れて口を結べばいい。これで型崩れしないし、靴の表面に傷がつくのを防ぐこともできる。

つぶしたくないカラー付きのシャツ類にもストッキングは応用できる。現地で使用するストッキングを結んでカラーのスペースのなかに詰めてしまうだけでOK。靴下でも応用できる方法だ。

スーツケースにしまいにくいものは
このように・・・
パンプスを
うまくしまうには‥
① 古ストッキング
をカットする
② 丸めて爪先に
詰める
③ スッポリとかぶせる
④ 結ぶ
カラー付きシャツ
を うまくしまう
には・・・
なるほど！
① 現地で履く
ストッキングを
結ぶ
ストッキングの
収納とカラーを
つぶさない役目と
一石二鳥！
くつ下でも
代用できる！
② カラーの
スペースに
詰める

さらに、下着や靴下などの収納袋として利用することもできる。伸縮自在でどんどん入り、中身もみえるし、おまけに軽い。いらなくなったらポイポイ捨てればいいのだから、まさに万能の大活躍グッズなのだ。

●下着はこうしておけば安心

自分の荷物の中身をみられ、ときには手まで突っ込まれてチェックされる税関での荷物検査は、特別やましいことがなくても気分のいいものではない。

とくに女性の場合、下着を見ず知らずの人に直接触られたりするのはとてもイヤなものだ。そこで、下着などはあらかじめ透明のビニール袋に入れておくようにしよう。中身がみえる以上、わざわざだして検査する人はほとんどいないので、少なくとも直接触られることだけは避けられる。

旅行カバンの極意

●旅行カバンは何がいい？

旅行カバンはスーツケース、バックパック、キャリーバッグなどさまざまだが、自分の旅に合ったものを選びたい。

ひと昔前までは海外旅行というと大きなスーツケースで、というのがふつうだったが、重くてかさばり、もち運びしにくいのが難点。ただし、移動はすべて飛行機やバスといったようなパック旅行や長期滞在型の旅行では、やはりたくさん入って丈夫なスーツケースは便利だ。

そこまで大げさにしなくてもという人は、小ぶりなカート付きのキャリーバッグや、肩にかけられたり背負えたりできる３ＷＡＹバッグなどがおすすめ。大きさによっては機内持ち込みもＯＫなので、空港で荷物

を受け取る時間のロスもない。もっと気軽な一人旅などでは、なんといってもバックパックがいちばん。荷物一つでどこへでも移動できるフットワークのよさはバックパックにはかなわない。

　いずれの場合も、自分の旅に合ったサイズや機能、十分な強度であることが大切。グループ旅行なら、それぞれもってくる係を決めれば一人一人の荷物を減らすことができる。

●スーツケース、これはダメ

　空港のベルトコンベアで受け取るときのためにも、スーツケースにはわかりやすい目印をつけておくと便利。遠くからみてもわかるような大きなステッカーを貼ったり、取っ手にハンカチやバンダナを結んでおいたり。スーツケース専用のベルトを巻いておくと、万が一鍵が壊れてフタが開いてしまったときにも役に立つ。目立つスーツケースをもっていると、じつは泥棒に狙われにくいというメリットも。

ただし、表面に大きく自分の名前を書くのはやめたほうがよい。

「○○さんですね」と親しげに声をかけてくる悪質な犯罪が多いからだ。また、前回の旅行の思い出だからとつけっ放しにしている古いタグも、荷物だけ別の空港に運ばれてしまったなど、トラブルのもとになるのですべて外しておくこと。

●DMの宛て名が意外に役立つ

スーツケースやバッグなどが見当たらないとか、うっかりどこかに置き忘れたといったとき、やはり、住所・氏名を書いたタグ（名札入れ）をつけておいたほうが、戻ってくる確率が高い。

このタグに使うと便利なのが、海外通販など、海外から届くダイレクトメールの宛名ラベルだ。

海外からの郵便物は、宛名が外国人にもわかる英語表記になっている。自分あての住所・氏名の部分を切り抜いて残しておいて、タグに入れれば便利だ。

●チェーン、南京錠の完璧ワザ

盗難事故防止に、カギをいくつか用意しておこう。まず置き引き防止にはチェーンロックが役立つ。日本で自転車のタイヤなどを固定するタイプのもので十分だ。ロビーでは、トランクの取っ手を椅子の脚や手すり、柱などにとめるが、何もなければ自分のスネあたりに巻いてロックしておく。室内でもベッドの脚などにかけておけば、室内荒らしだってベッドごともちだすわけにはいかないだろう。

その室内でトランクのファスナー部分のカギにしたいのが南京錠。高級品のトランクには付属のカギがついているが、さらに頑丈なものをもう一つくらいつけて、用心しているところをみせておく。

とにかく「人を見たら泥棒と思え」は、海外でこそ思い出したいことわざである。

●かさばるスーツケースの保管術

かなりの収納力があって旅行には便利なスーツケースだが、さて帰国して保管するとなると、これほどじゃまなものもない。場所ふさぎになって、まさに無用の長物と化すのである。

どうしたって押し入れの何分の一かを占領するのだから、なにもスーツケースのなかを空っぽのままにしておくこともない……ということに気がつけば、利用法は自然に思い浮かぶはず。そう、なかに物を詰めてしまっておくのだ。

いちばん適しているのは、シーズンオフの衣類の収納。とくにハードタイプのケースは、型崩れしやすい服をがっちりガードしてくれて、ふつうの衣装箱より便利なくらいである。

●スーツケースはレンタルが得

そう何回も海外旅行にいかない、長期の旅行はしないという人なら、スーツケースはレンタルですませたほうが断然お得な場合が多い。スーツケースは買えば3万〜4万円もするうえ、安物は壊れやすくて心配だし、用のないときにはかさばる困りもの。その点レンタルなら10日間で3000円程度ですむし、会社によっては出発前と帰国後に自宅へ配達・回収してくれるところもあり、じつに便利。自分の旅行頻度や価格、レンタル料金をしっかりチェックして、どちらが得か、よく考えてみよう。

機内への手荷物の極意

●お泊まりセットを用意しておく

現地に到着したのに荷物がでてこないというロストバゲージも珍しくない。カメラや高価な装飾品、貴重品などは荷物のなかに入れておかないことが原則なので、被害金額はさほどではないにしても、着替えが一つもないような状況ではホトホト困り果ててしまう。

そこであらかじめロストバゲージを予想して、機内に持ち込む手荷物のなかに、下着も含めた着替えを一式用意しておくこと。女性なら化粧水や乳液、メイク落としなどのメイク用品も必要だし、男性ならヒゲ剃りなど、いわゆるお泊まりセットを一式用意して手元に置いておけば、ひとまずは安心だ。

●手荷物検査を早く済ませるワザ

念のためだとわかっていても、金属探知器のブザーが鳴って手荷物を全部調べられたりボディーチェックをされるのは、あまりいい気がしないし、急いでいるときにはイライラする。

そこで、小型ナイフやツメ切りやハサミなどの刃物は手荷物にせず、貨物室に預ける荷物のなかに入れておく。身につけているもののなかでも、たとえばライターやタバコケース、カギ、アクセサリー、コインのたくさん入った財布などは探知機に反応するので、ポケットからだして検査台のかごのなかに入れるようにする。

心臓のペースメーカーや関節に埋め込まれた金属片にも反応するので、そういう人は紙に書いておくなどきちんと説明できるようにしておくとよい。

●カメラ用バッグが便利

機内に持ち込む手荷物かばんは、カメラ用のバッグを利用するのも手だ。

肩にかけるショルダータイプなので両手がつかえるし、カメラを保護するためのクッションがついているので、なかに入れたものも十分保護してくれる。しかも、なかには細かく仕切りがついているので、こまごましたものを整理して入れるときにとても便利。

かばん自体が少々重いのがネックだが、大きさも適当だし、スッキリとした形なので、みた目にこだわる人でも十分満足できるはずだ。

空港を有効利用する極意

●空港まで着てきた真冬の服は？

お正月のツアーなどで、真冬の日本からハワイへ！　などというとき、新東京国際空港や関西国際空港まで着ていったコートを、そのままもっていくほど無意味なことはない。そんなときは、各空港内にある荷物預かりのサービスを利用したい。

　着替えのための更衣室も用意されているので、真冬だって半袖一枚で出発・帰国することができる。

　料金はコートの場合、たとえば1着につき5日間まで１１００円、10日間まで１６５０円ほど（会社にもよるので要確認）。

　すこしお金がかかっても旅行中の荷物が減るし、帰国時に現地の空港に置き忘れたりというトラブルも防げるので、利用価値は高い。

　真夏の日本から真冬の国へいくときも、空港の施設を利用して着替えていくと便利だが、旅行先でその国の衣料品を買い整えるのも楽しい。

●帰ってきた時の服を考えて荷造り

逆に、現地が夏で日本が真冬の場合、うっかり軽装のまま帰国してしまうと、日本に到着したときに寒さでガタガタ震えることになる。疲れているので風邪もひきやすくなっているはず。スーツケースのなかからセーターやコートをだしておくか、いちばん取りだしやすいところに入れておくなど、帰国の飛行機に乗る前から、しっかり対策を立てておくとよい。

●空港近くの民間駐車場が安い

滞在期間が1週間ほどになる海外旅行の場合は、空港に置いておく駐車料金もバカにならない。成田空港内の駐車場は6日間で1万円を軽く超えてしまう。ところが周辺の民間駐車場なら6日間で数千円。そこからマイクロバスなどで送迎してもらうために少々時間はかかるが、すこしでも安くあげようという人にはうれしい。

関西空港の場合は、空港駐車場も、空港島の手前にある「りんくうタウン駐車場」も値段は一緒。ただし、りんくうタウンは駐車場から空港までは無料のシャトルバスが運行されているが、空港駐車場は連絡橋の通行料（往復千数百円）をとられるので、りんくうタウン駐車場がお得。

また、空港周辺のホテルに宿泊すると1〜2週間は駐車料無料だったり、空港乗り捨てのレンタカー料金も設定されていたりするので、検討してみよう。

出発準備、留守宅の極意

●携帯品リストはパソコンなどに保存

携帯品は、一つ一つを細かく書きだしたリストをつくって準備するといいが、何度も海外にいく人なら、毎回リストをつくるのはたいへんだし、リストに入れ忘れる物もでてくるかもしれない。

そこで、パソコンやワープロなどに入力しておくと、印字するだけでいいし、旅行中にあったほうがいいと気づいたものがあれば、帰国後に追加して、つぎからの旅行に役立てることができる。

詳細な携帯品リストがあれば、旅先でスーツケースを盗まれたときも、このリストをもとにして保険会社に提出する書類を書けるので便利だ。

●忘れ物をなくす、これが鉄則

海外旅行のように遠方へ何日もでかけるという場合、ついうっかりの忘れ物がどうしてもでてしまう。これを防ぐには、かなり早めに準備をしておけばいい。たとえばバッグやスーツケースをだしておき、ふと気がついた持ち物をそのたびに入れておくとか、カゴを一つ用意しておき、思いつくたびに入れていく。

前日にすべて用意しようとするとどうしても忘れ物がでてしまう。海外旅行の準備は早めに取りかかるのが鉄則だ。

●留守中はベッドを毛布で覆っておく

海外旅行などで家を留守にしていると、帰ってきたときに部屋が湿っぽく感じることがある。とくにベッドは湿気に敏感なので要注意。旅で疲れて戻ったというのに、休むベッドが湿気だらけでは、リラックスどころかゲンナリしてしまう。

友人や親戚などに時折窓を開けてもらうように頼める場合はいいが、もし長期間家をあけるようなときは、ベッドを毛布で覆ってからでかけるといい。毛布が湿気からベッドを守ってくれるので、2～3週間程度なら気持ちよく保つことができるというわけだ。

毛布はあとで風にあてて乾かしておけば、いままでどおりに使える。

3

◉旅先の情報はこれでバッチリ！

旅行プラン後悔なしの納得ワザ

旅先の情報を収集するコツ

●どんなガイドブックがいいか

書店にいけばガイドブックがずらりと並んでいる。とくに人気のスポットは何種類も出版されているからどれにしようか迷うだろう。迷ったときにはいちばん売れているもの、つまり版を重ねている本を選びたい。

本に書かれている内容はみんな似たり寄ったり。売れ行きのよいものは、ひんぱんに改訂されるので常に新しい情報が載っているというわけである。どの本がわかりやすかったかなどを、実際にその国へいった人に聞いてみるのもいい。

●大手旅行会社のパンフを利用する

大手旅行会社にいくと、さまざまな旅行

会社が企画した旅行のパンフレットがたくさん並べられていて、だれでも無料で手に取ることができる。こうしたパンフレットは、写真をふんだんにつかい、ホテルの詳しい説明や簡単な見どころ、アクティビティガイド（催し物ガイド）、さらに各地の名物料理の紹介やショッピングアドバイス、気温や湿度、はたまたお祭りがいつあって、いつどんなイベントがおこなわれているかなどということまで、盛りだくさんに紹介されている。

　ホテルの情報はもちろんのこと、食べ物に関する記事などは旅行中の食事プランづくりに活用できるし、パンフレット内の地図は観光マップとしてもおおいに便利。大手旅行会社のパンフレットは、信用できる旬の情報が満載のうれしいミニ・ガイドブックなのである。

●政府観光局は情報の宝庫

　その国における最新情報を入手するには各国政府観光局に聞くのがいちばん。

　ホテルガイドやドライビングマップなど、旅行者に便利な冊子がそろっている。最近では、インターネットのホームページやファックスサービスなどを通じて情報を提供してくれているので、まずはこちらをチェック。それでもわからないことがあれば、直接電話などで問い合わせたり、訪問する。そのとき、質問はなるべく具体的に。訪問する場合でも、事前に電話で問い合わせておくほうがいい。

また、日本では無料でもらえる資料が現地では有料の場合もあるので、すこしでも倹約したい人は日本でもらっておこう。

●洋書のガイドブックで新情報を

どこか穴場を訪ねて、帰国後の土産話にしたいなら、現地で海外版のガイドブックを購入して利用するといい。海外版だと、日本人と興味の対象がちがう部分もあって、日本人の知らないスポットが紹介されている可能性大。また、日本以上にひんぱんに改訂版が出版されるから、データや情報も新しい。

英語を読解する苦労はあるが、現地でいろいろな国の人と出会えたり、帰ってからの自慢話にもなり、苦労は報われるはずだ。

●「旅行ノート」に何でも書き込む

ガイドブックをそのままもっていっても、不要なページが多かったりしてけっこうかさばることも。そこで事前に集めた情報を小さなノートに集めて、自分だけの旅行ノートをつくっておくのはいかが？

ノートにはガイドブック以外にも図書館やインターネットのホームページ、パンフレットで仕入れた情報など、あらゆるところから集めてきた情報を書き込んでいく。いきたいお店やレストラン、泊まりたいホテルのアドレスや電話番号、営業時間、美術館などの場合は入館料などなんでもOK。それらの場所を、コピーした現地の地図に

●主な観光局ホームページ&FAX情報

観光局名	ホームページアドレス FAXインフォメーション
ハワイ観光局	http://www.visit.hawaii.org 03-3249-7210(3470#)
シンガポール 政府観光局	http://www.newasia-singapore.com/ 03-3249-7210(4000#) 06-6411-1100(4000#)
韓国観光公社	http://www.knto.or.jp/ 03-3249-7210(3670#) 06-6411-1100(3670#)
香港観光協会	http://www.hkta.org/japan/ 03-3249-7210(3870#) 06-6411-1100(3870#)
タイ国政府観光庁	http://www.tat.or.th/ 03-3249-7210(4000#) 06-6411-1100(4000#)
英国政府観光庁	http://www.visitbritain.com/ 03-3814-3824
エジプト・アラブ共和国	http://www.embassy.kcom.ne jp/egypt/ 03-3249-7210(4870#) 06-6411-1100(4870#)
ギリシア政府観光局	http://www.gmor.com/infoxenios/ 03-3249-7210(3970#)
スペイン政府観光局	http://www.spaintour.com 03-3432-6141
フランス政府観光局	http://www.franceguide.com 03-3249-7210(3270#) 06-6411-1100(3270#)
カナダ観光局トラベル インフォメーション	http://www.canada.tourism.com 03-3249-7210(3070#) 06-6411-1100(3070#)
フロリダ州 インフォメーション	http://www.tabifan.com/florida/ 03-3814-1879
オーストラリア 政府観光局	http://www.aussie.net.au 03-5972-2000

●主な都市の気候と気温

ロンドン(イギリス)	年間最低気温は４℃くらいだが、夏でも15℃を超す程度。９月から５月までは、ほとんど日本の冬の感覚で準備を。コートは不可欠だ。
パリ(フランス)	11月に入ると冬支度が必要となる。夏は短く、気候も不規則で、セーターが欲しくなる日もあるほど。１年を通して、雨はそれほど多くない。
ベルリン(ドイツ)	１月の平均気温は−0.2℃。12月から２月にかけては寒さが厳しいので、しっかりした防寒対策を。夏も最高気温が19℃程度。雨は比較的少ない。
ローマ(イタリア)	真冬で８℃前後、夏でも23℃くらいと、さほど東京と気温は変わらない。雨は冬に多く、夏は少ないので、６月から８月がベストシーズンだ。
イスタンブール(トルコ)	真夏の平均気温が約25℃、冬でも５℃くらいで、日本から出かけてもそれほど違和感は感じない。冬は雨と雪が比較的多い。
カイロ(エジプト)	年間最低気温は13.9℃、夏には40℃を超える日もあるので、サングラスや帽子は必需品だ。３月から４月は砂嵐の季節なので要注意。
シドニー(オーストラリア)	南半球のため、日本と季節が逆になるから、服装の準備に気をつけて。気温が最低となる７月でも13.2℃と春の陽気。１年を通じて爽やかな気候だ。
オークランド(ニュージーランド)	日本と季節が逆で、６月下旬から10月はスキーのベストシーズン。とはいえ、真冬の７月でも平均気温は10℃程度で、１年を通して過ごしやすい。
ニューヨーク(アメリカ)	１年の気温の差が激しく、夏はひじょうに暑く、冬は思い切り寒い。できることなら春と秋のベストシーズンを選んで出かけたい。
サンフランシスコ(アメリカ)	真冬で平均気温が約９℃。夏でも最高気温が20℃と、１年を通して温暖で季節を選ばずに楽しめる。ただし、夏でも朝晩は冷えるのでカーディガンは必携だ。
アカプルコ(メキシコ)	１年を通して平均気温が25℃を上回るから、季節に関係なく水着はもっていきたい。雨は６月から９月に多いため、冬から夏にかけてがベストシーズン。
香　港	冬でも平均気温が15℃くらいで過ごしやすい。夏は30℃近くまで気温が上昇するうえに、雨も多いので、雨具を忘れずに。冬は厚手のコート１枚あれば十分だ。
ソウル(韓国)	冬、夏ともに寒さ、暑さが厳しい。とくに冬は−15℃を下回ることもあるほどなので、十分な対策が必要だ。雨は７〜８月がとくに多い。
シンガポール	１年中25〜30℃の間という常夏。雨期は11月から１月で、この時期には肌寒いこともあるから、薄手のジャケットなどを用意しよう。
ハワイ	言わずと知れた常夏の島だが、湿気が少ないため、からっとした暑さが気持ちいい。ホテルやレストラン、バスはクーラーが効いているので羽織れるものを忘れずに。
バリ(インドネシア)	１年を通しての気温差は少なく平均気温は25℃を下回ることはない。11月、12月が暑さのピークで、11月から３月は雨期。とくに１月は雨の量が多いのが特徴。
プーケット(タイ)	雨期は５月〜10月なので、出かけるなら11月〜４月を選びたい。平均気温は25℃以上で、４月がピークとなる。季節によっては泳げないビーチもある。

マークしていけば、自然に自分が行動する範囲もみえてくるというわけ。

●その土地が舞台の小説を読む

海外旅行にでかけることが決まったら、その土地について書かれた小説を読んでからでかけよう。自分が読んだ小説の舞台を旅していると思うと、まるで主人公になったような気分になり、土地にたいする思い入れがちがってくるからだ。その土地を舞台にした映画などをみてからでかけるのもいいだろう。

さらに、カセットテープやＭＤなどに「あそこにいったら、きっとこの曲が聴きたくなるだろう」と思えるものを録音してもっていくのも楽しい。異国にいるだけで感傷的な気分になるが、そこに音楽があれば、もっと自分に酔うことができるからである。

気分をブルーにしないコツ

●2人と3人、どっちがいい?

海外旅行の同行者は、旅行の質を左右する大きな要素。旅先で気が合わず、気まずい思いをするようなことにならないために、勢いや成り行き、行き当たりばったりで決めずに、慎重に選びたい。

同行者が友人というケースがほとんどだろうが、その場合は、人数によって旅のスタイルも変わってくる。旅の目的が同じならば、よく気の合う相手と二人でいくのもいいだろう。3人でいくのは、割引などの特典があり、お得に旅ができることも多いが、2対1に分かれることが多く、一人になったほうが絶えずイヤな思いをすることになるのでできれば避けたい。ただし、この場合も目的が同じであればＯＫ。

4人の場合は、多少の無理もきくので、どんな旅でもとくに問題はないだろう。最高に楽しい思い出になるよう、じっくりとパートナーを選ぼう。

●ハネムーン、婚前旅行の落とし穴

「成田離婚」なんて言葉があるように、カップルが海外旅行に一緒にでかけたために、おたがいの感情がズレて関係が悪化するというケースが少なくない。海外旅行の日程はそれなりに長いし、旅先では頼れるのはおたがいだけ。しかも24時間一緒なのだから、どうしてもわがままがでてしまうのだ。

解決法として、旅行先やその目的を決めるのは二人で相談しながらおこない、男性は旅先でのプランをいくつか提案するだけにし、最終的な決定権を女性に与えるというやり方がある。男性が決めた場合、女性

知っ得情報

テレフォンサービスを利用しよう

●天気予報　HALEXでは、50都市以上の天気に関する詳細情報をFAXで入手できる（有料）。まずは番組案内をもらおう。（0120-430-809）

●治安情報　旅行先の治安状況の照会は、外務省の「海外安全テレホン・サービス」や、国際観光振興会で。「海外安全テレホンサービス」は世界120カ国の治安状況や現地警察の連絡先をFAX（03-3584-3300）と電話（03-3592-3940）で24時間、通話料のみで提供。国際観光振興会も世界の治安状況や緊急連絡先、日本語可能の病院一覧をFAX（03-5371-3203）で提供している。

は出発前にいくら理解ある発言をしていても、実際に嫌な状況におちいってしまうとどんどん機嫌が悪くなってしまいがち。でも、それが女性が決定したことであれば話は別。

「俺がプランを練って、彼女を楽しませてやる」

なんて壮大な理想はもたず、よほど自信がある場合でない限りは、女性にとってなにか気に入らないことが起きた場合に備えて、女性に最終決定を任せよう。情けない感じもするが、二人が楽しく旅から戻るためには男が折れるのがいいのかも。

●ヨーロッパの復活祭前後は避ける

ヨーロッパで落ち着いて美術鑑賞をしたいと思うなら、11月から2月中旬の冬の時期を選ぼう。冬のヨーロッパは寒いけれど、そのためヨーロッパの人々が旅行を避ける時期でもあるので、美術館や博物館もガラガラなのだ。

逆に混み合うのが春から夏にかけて。なかでも復活祭前後の4~5月ともなれば、ヨーロッパ人は日本のゴールデンウィークさながらの大移動を開始する。とくにすごいのがイタリアで、小学生から高校生までがみんな遠足シーズンとなってしまうため、美術館や博物館には学生と子供がウジャウジャ。そこに観光客が一緒になってワイのワイのと大混雑してしまうので、入館まで1時間待ちなんていうありさまになることもある。

ヨーロッパの気候がいちばんいいのもこの時期だし、ゴールデンウィークに入る前ならツアー料金も安いからと旅行の計画を立てる人も少なくないだろうが、美術鑑賞が目的の人はできる限り避けたほうが無難だろう。

●夏の旅行はサマータイムにご注意

ヨーロッパ諸国の多くやアメリカ、カナダなど、世界には、「サマータイム（夏時間）」を採用している国がたくさんある。

サマータイムは、中高緯度地帯で夏に日の出が早くなるのを利用して、夏の時期だけ標準時を1時間進め、仕事の能率を高めて、余暇を有効につかおうという制度。

これを知らずに、夏にサマータイムのある国に旅行すると大変だ。列車やバスに乗り遅れたり、集合時間に遅れたりするハメに。

夏に海外旅行するときは、自分が訪れる国がサマータイムを採用しているかどうか、ガイドブックなどで確認しておこう。

海外ウエディングのコツ

●挙式を成功させる一番のポイント

人気の海外挙式。でも、海外挙式を甘くみてはいけない。日本では何か月もかけて準備をする結婚式や披露宴を、現地でちょこちょことやってしまおうというのだから、いざというときになにかとトラブルが発生することも珍しくないのだ。

たとえば衣装選び。何十着ものなかから選び、事前にやりとりをして決めたものであっても、じっさいにみたり試着したわけではないのだから、現地で自分が選んだドレスをみたとき、イメージとちがっているなんてことはザラ。式が現地でぶっつけ本番のために、リハーサルさえも列席者の前でやらされるなんてこともある。また、人気の教会ともなれば、順番待ちのカップルが教会の外で待っているなんていうあわただしい式になってしまいかねない。

さらに、宿泊先のホテルや食事のグレードが低かったり、飛行機がペアシート、でなかったりすると新婦の気分はめいってしまう。時差ボケを解消し、肌を落ち着かせ、衣装などに不満があれば取り替えてもらえるだけの時間的な余裕をもつためには、ふつうのツアーよりも2〜3日はゆとりのある日程を組まなければ無理。一生に一度の、失敗が許されないものであるだけに、資金と時間に十分余裕をもって臨むようにしよう。

●外国人用の濃い化粧を避けるワザ

海外挙式のメイクでは、外国人風の派手メイクにされることが多く、生涯に一度のセレモニーの記念写真が、とても自分の顔にはみえない、なんてことのないよう気をつけたい。

だいたいヘアメイクのスタッフとの打ち合わせは、挙式当日か前日がほとんどなので、希望がうまく伝わらなかったりすることも少なくないのだ。自分のイメージどおりに仕上がるよう、雑誌の切り抜きや、リハーサル写真がある場合は、それを忘れずに持参したい。

ギョ！
どーお？
・・・てなことにならないために
OK！
こんな感じで
写真

化粧品は派手なピンクになりがちな口紅を筆頭に、東洋人向けの色が少ないこともあるので、自分のものを用意しておくと安心だ。

ただ、当日はナマで「チョット派手かな?」と思えるメイクも、できあがった写真をみたら、意外にステキだったということもあるので、あまり神経質になることもない?

●ハネムーンは出発保証をチェック

パッケージツアーの広告には、「最少催行人員△○人」などの注記がある(69ページ参照)。これはそのツアーへの参加者が△○人以上集まらなければツアーは中止になるということ。

つまりパッケージツアーのすべてがかならず出発するとは限らない。とくにオフシーズンで出発保証のないツアーだったりすると、キャンセルされる可能性も少なくないので要注意。

だから、絶対にそのツアーでなければ困るというような場合は、最少催行人員が何人なのかをきちんとチェックしておこう。たとえばハネムーンなら、二人以上でOKのツアーなら確実だ。うまくいけば二人っきりのラブラブ貸し切りツアーになる可能性もあるので、めいっぱいイチャイチャできるかも……。

子連れ旅行の注意ポイント

子供が2歳ぐらいになると、子連れの海外旅行にでかける人が少なくない。2歳未満なら大人の10%の航空運賃なので経済的な負担は少ないが、3歳以下の子連れ海外旅行は親子ともにいろいろ苦労するだけだし、子供に旅の記憶も残らないので、あまりおすすめできない。それでもいくのなら、韓国や台湾、グアムやサイパン、香港など、飛行機に閉じ込められる時間の短い場所を選ぶべきである。

成田空港内のプレイルームなどを利用して、とにかく出発前にたくさん遊ばせておくとよい。疲れて機内で眠らせてしまうのがいちばん。航空会社によっては離乳食のサービスもあるので、事前にチェックしておこう。

2歳以上11歳以下の子供の場合は、航空運賃は大人の半額。12歳になる直前に、小学校の卒業記念旅行としてでかけてみてはどうだろう。小学生なら思い出もしっかり残る。体力はあるし、荷物も自分でもてるから、親の負担も少ない。場所は近隣の国やリゾート地などがすすめだ。

中学生や高校生なら、アメリカ東部やヨーロッパまで足を延ばせる。とくに博物館や史跡の多いヨーロッパは、学習塾よりもはるかに多くのことが学べるし、親子で楽しむことができるだろう。

親だけがプランを練るのではなく、子供も一緒に参加するようにすれば、旅の楽しさも倍増するはずだ。

4

◉より安心、よりお得な秘策を伝授！

チケット、ツアー…頭のいい知っ得ワザ

ピーク時にチケットを取る知恵

●ビジネスクラスは狙い目

ピークシーズンはエコノミー格安航空券の予約は非常に取りにくく、空港へは「3時間前までに」と指定され、チェックインも長蛇の列と、出発前から疲労感を味わうことになる。

そこで考えたいのがビジネスクラスの格安航空券だ。いくら格安といっても、エコノミークラスの航空券は、オフシーズンとピークシーズンとの価格差が倍以上変動することも珍しくないが、ビジネスクラスは季節や曜日による価格差が少ない。

つまり、ピークシーズンはエコノミー、ビジネス両格安航空券の値段がもっとも接近する時期なのだ。ピーク時の混雑を考えると、座席がゆったりしていて、食事・機

内サービスもよく、空港のチェックイン・カウンターも別で、出発までラウンジがつかえるメリットなど、かなりお得といえる。

●「呼び寄せ便」を利用する

最近は格安航空券も多く出回っているが、夏休みや年末年始だけは例外。それでもこの時期にどうしても海外へでかけたいというような場合に試してみたいのが「呼び寄せ便」とよばれる航空券である。

これは日本航空が海外の航空会社の安売り攻勢に対抗する形でつくりだしたといわれている特殊な航空券。その名のとおり、海外に暮らす日本人が日本から親族をよび寄せるときに限ってつかわれるものである。

かつては購入するためにはさまざまな書類が必要だったが、最近では国や都市によってはだれでも購入できる航空券になってきている。価格は決して安くはないが、格安航空券が手に入らない夏休みや年末年始といった時期では、呼び寄せ便のほうが安くなるのでおおいに利用価値はある。申し込めば確実に入手できるというものではなく、取得はむずかしいが、チャレンジしてみる手はあるだろう。

●地方空港からの便を狙う

お正月やゴールデンウィークなどに海外旅行をしようと思うと、チケットが全然取れずに困ってしまうことがある。こんなときは地方空港から予約を入れてみよう。たとえば成田発ではなく、大阪発や福岡発といった便を狙うのである。成田空港では無理な予約も、地方空港からなら取れるといった場合も少なくない。

それでも無理なら、行き先を少し変更す

る。いきたい都市の近くの都市まで飛行機で飛んで、そこから列車などで目的地に入る。ダイレクトにいく便は満席でも、近くの地方都市へなら予約が取れる場合もある。

●代行荷主になって飛行機に乗る秘策

東南アジアなどに旅行する場合、安くいけるのが「クーリエ・チケット」だ。これは、貨物を運ぶ業者の代行荷主になるようなものだと考えてもらえばいい。

エコノミークラスで自分の手荷物を運ぶ権利（20キロまで）を貨物運送会社に譲《ゆず》るかわりに、航空券を安く売ってもらうのだ。ただし、これは特殊な航空券なので、希望する日程で取れるとは限らないし、希望者が多くても供給量が少ないため確実ともいえない。しかし、この航空券はピーク時期につかうとかなりお得になるため、座席確保は先手必勝といきたい。

代行荷主としての役割は、成田で荷物の書類を預かり、降機地でサインして渡すだけだ。

格安ツアーで失敗しない知恵

●定員20人以上の格安ツアーは注意

海外旅行はあくまでゆったりのんびり楽しみたいという人なら、格安のツアーに申し込むのは控えたほうがいいだろう。格安ツアーの場合は参加人数が30人、40人と大勢になってしまっている場合が多く、こうなると、移動のときも添乗員にゆとりがなく、人数を数えるだけで精いっぱいなんていう状況になりかねない。

一人の添乗員がしっかりお世話できる人数はせいぜい20人までといったところ。20

人以下のツアーなら、バスも空席がかなりあるので、比較的ゆったりした旅が楽しめるし、添乗員も一人一人に気を配って世話をしてくれるはずである。

●格安ツアーはその理由を確かめる

格安ツアーをみつけたら、まずは旅行会社に問い合わせて、申し込む前に「なぜこんなに安いのか」をきちんと確認することが鉄則。

飛行機会社のキャンペーン価格といったような理由なら安心だが、ホテルのオープニングキャンペーンだとか、ホテルがちょっと遠いからといった理由なら、さらに突っ込んだチェックが必要。どういうホテルなのか、どれぐらい遠いのかをきちんと確認しないと、とんだ失敗につながりかねない。もちろん、はっきりした理由が述べられないツアーなど問題外だ。

自由時間が多くて、観光はすべてオプショナルツアーなんていうのも、けっきょくは高い金額を支払う結果にもなりかねない。とことん検討して、安かろう悪かろうのツアーにひっかからないようにしよう。

●時間に余裕がない時はやめる

なるべく安く海外にいきたいというとき、マイナーキャリアやマイナー路線を飛ぶ安めの運賃のエアラインが、つい魅力的にみえる。

だが、こういった運賃の安いエアラインを選ぶときには要注意。予定時刻に発着すればラッキーで、離陸まぎわに機体不良がみつかって足止めを食らったり、いきなりフライトキャンセルになったり、搭乗したあと何時間も離陸が遅れたり……といったトラブルが起こりやすいのだ。

しかも、トラブルが起こったときの対処がよくない場合が多い。事情説明のアナウンスもろくになく、乗客が遅れることを連絡するための通信費も負担してくれない。

帰国直後に仕事などで抜けられない用事のある人は、運賃が安めのエアラインは避けたほうが賢明だ。

●「半日フリータイム」は要注意

パッケージツアーに参加するとき、もし「半日フリータイム」とあったら、その内容をよく確認してみよう。

というのは、半日といっても実質的には半日ないケースも多いからだ。なにか計画するなら、旅行代理店に実際はどのくらい余裕があるのかを確認しておいたほうがいい。といってもスケジュールのズレ込みはしばしばで、そのとおりにならないことも多いので注意したい。

とくに昼食後の自由時間は、ランチタイムの予約が12時半以降のことが多く、これを終えてからだと2時半くらいから夕食までの2～3時間ということにもなりかねない。

「なにも予定がないなら、お土産でも」と、提携している店に連れていかれたりする格安パックもあったりするから、これを断って、ホテルに帰ってのんびり体を休めるのもいい。そのためにも、ホテルの位置はしっかり頭に入れておくこと。

ホテルとの往復によっても、自由時間が削られるのは当然だ。

●レンタカーは日本で予約

海外でレンタカーでのドライブを楽しも

うと思っている人は、あらかじめ日本で予約しておくことをおすすめする。オフシーズンなら、海外のお店で直接交渉したほうが安く借りられる場合もあるが、保険の内容を理解するのはよほど語学に堪能《たんのう》でなければむずかしい。またシーズン中だと、希望の車種がなかったり、料金がアップすることも。

その点、日本でならば、いくつかのレンタカー会社を比較して自分に合ったプランを選ぶことができるし、料金体系が明快でトラブルが少ない。予約は電話するだけでOK。あとは郵送されてきた予約確認書に、どんな保険に加入するか、追加運転手の有無などを書き込んでおくのだが、これももちろん日本語で説明されているからわかりやすい。現地ではその確認書をみせるだけで手続きは完了だ。

●参加したツアーがひどい時は

参加したパックツアーの内容があまりにひどく、添乗員の態度が悪い、ホテルの部屋がひどすぎるといったような理由で旅行会社にクレームをつけたいと感じたなら、旅行中に証拠となる写真を撮影しておく。たとえば、ホテルの部屋が気に入らなかったら部屋などを何点か撮ればいいし、動きのあるものならビデオカメラで撮影する。添乗員の態度がとても悪いというような場合も、ビデオで撮影しておけば証拠はバッチリだ。

また、サービスが悪くて自腹を切ったような場合には、かならず請求書を取っておくこと。同じような不満をもつ参加者がほかにいれば、おたがいに住所を交換しておくのもいい。添乗員や現地係員の名前をメモしておくのも忘れずに。

知っ得情報

トラブルの相談はココに

旅行会社とのトラブルが解決しない場合や、不当な扱いを受けた場合は、社団法人日本旅行業協会（JATA）に相談しよう。ここは運輸大臣指定の業界団体で、旅行者からの苦情の処理を行っている。JATAに加盟していることは一種の信頼の証で、ほとんどの旅行会社が所属している。パックツアーを選ぶときにも、JATAマークか日本旅行業協会会員の記載があることを確かめておきたい。

●日本旅行業協会

TEL.03-3592-1266〜7

月〜金　9時30分〜12時、13時〜17時30分

パックツアーを賢く選ぶ知恵

●連泊があるものを選ぶのがコツ

海外旅行でどこにでかけるかは、とにかくいきたい土地、みたいもののあるところにはちがいない。ただ、漠然とヨーロッパの都市巡りといったような希望で選ぶとき、たくさんあるツアー会社の、どのパッケージを選ぶか決めがたいケースはある。

そんなとき指針になるのが、宿泊スケジュール。旅行期間が同じなら、日程のなかに同じ都市・同じホテルに連泊があるものを選ぶといい。10日以上のスケジュールなら、この連泊が2回は欲しいところだ。

毎日毎日移動があって、毎晩泊まるホテルがちがうという旅より、疲れがグンと少なくてすむ。そのうえ、病気やケガ、あるいは盗難といった不測の事態が起こっても

対応しやすい、という利点があるからだ。元気盛りの若者なら別だが、ある程度の年齢になったら、周遊型のゆったりスケジュールというのを、パックツアー選びの基準にしよう。

●航空会社の提携商品が狙い目

旅行会社が大々的に宣伝するキャンペーン商品は、一度利用してみる価値がある。ふつう、旅行会社がこの手のキャンペーンをするウラには、提携する航空会社と深いつながりがある。新しい路線が就航したのでその知名度を上げたいという場合だったり、「とくに集客に力を入れる路線」に決まった場合などである。

キャンペーン商品が安い値段に設定されているのは、大量輸送によってコストを下げるから。だから人数が集まらないと採算が合わないので、いろいろと特典をつけて客を集めようとする。その点、テレビや雑誌で派手に宣伝しているキャンペーン商品は、人数が足りなくてツアー中止ということにはまずならないので、特典がつくぶんだけ利用者にプラスなのである。

●オフシーズンや端境期を探す

できるだけ安く海外旅行を楽しみたいと思うなら、オフシーズンや端境《はざかい》期を狙おう。ヨーロッパなら正月前、オーストラリアなら学生の夏休み前、アメリカなら年末年始以外の冬といった具合に観光のオフシーズンにいくと、価格は3分の1以下だし、それ以下ということも少なくない。

ただ、オフシーズンの場合、天候が悪くてろくに楽しめなかったなんてことにもなりかねないのがちょっと辛いところだ。

そこでさらに狙い目なのが観光シーズンとオフシーズンとの端境期である。ヨーロッパや中近東、北米なら11月と3月、アジアなら6月と11月、カリブは5月と10月、南米、オセアニアはゴールデンウィークを除く5月、6月が端境期にあたる。

こうした端境期には旅行会社も大々的な宣伝をおこなわない場合が多いので、こちらから旅行会社に問い合わせるなどして情報を入手しよう。

●新聞募集ツアーの裏ワザ

新聞募集のパックツアーは、かなり料金が安いものが多い。新聞募集の目玉ツアーをいち早くゲットしたいと思ったら、週明けの新聞をチェック。右上にあるのは一番の格安目玉ツアーであり、真ん中は内容的にしっかりしたもの、左下には新企画ツアーといった具合に並んでいる場合が多い。

ただ、新聞募集ツアーは一般ツアーより安さを追求しているので、かなり無理のあるツアーも少なくない。よく内容を確かめて吟味《ぎんみ》して選ぶことが大切だ。さらに、新聞募集だけに旅の通《つう》よりも老人客や主婦層が多く、こうした人たちだらけのツアーになる可能性も高い。若いカップルやグループには、ちょっとノリが合わないかも……。

●よい代理店より、よい担当者

旅行代理店の場合、名の知れた大手ならまず間違いない。しかし、大手でも代理店によっては頼りなく感じるところもあるし、小規模な会社でもきちんと対応してくれるところはいくらもある。やはり確実なのは、一度その店を訪ねてみて自分の目で確かめることである。

ツアー情報を深読みするコツ

ワイキキ　6日間

料金　76,000円

出発日 6月1日～16日 毎日出発 東京

食　なし

添　なし。現地係員 現地税込

催　10名

航　未定

泊　ワイキキビーチまたは同等クラス

	スケジュール
1	東京夜発→ホノルル午前着
2	半日市内観光。午後フリー
3~5	フリー
6	ホノルル午後発→東京午後着

特記されていなければ、ホテル1室2名利用の場合の大人1名料金。空港使用料、超過手荷物料金などは含まれない。

東京のみ出発。

料金に含まれる食事回数。機内食は回数に含まれない。

特記されていなければ、確認を。

現地係員は空港送迎、観光などに同行。日本語OKかは要確認。

特記されていなければ、エコノミークラス利用。航空便は未定だが、ホノルル発が午後なので、日本航空かコンチネンタル・ミクロネシア航空とわかる。

人数に達しないと、出発の21日前までに中止の連絡がある。

ビーチに近いか確認（ワイキキ・ビーチはビーチから道路1本を隔てた所にある）。同等クラスは宿泊料金がほぼ同じホテル。こだわるならホテル指定、ビュー指定が可能かを確認するか、ホテル指定のツアーを選ぼう。

現地での実質滞在時間は5日弱とわかる。観光は希望ポイントが含まれているか、土産物屋に寄るかなどを確認。必要な場合はキャンセルの可不可も確認。なお、OPと記載されている観光は料金が別途必要。

チェックインの時間を確認。

●時間帯の目安

早朝＝4:01～6:00　朝＝6:01～8:00　午前＝8:01～12:00
昼＝12:01～13:00　午後＝13:01～16:00　夕刻＝16:01～18:00
夜＝18:01～23:00　深夜＝23:01～4:00

そしてどんなにいい店でも、担当者いかんで旅行自体が大きく変わってくる。ただ「人気です、お得です」の一点張りのような人は、あまりいい担当者とはいえない。こちらがどういう旅をしたいのかをきちんと聞いて理解してくれ、説明も具体的で、格安プランの場合などはなぜ安いのか、それによるメリットとデメリットを説明してくれるような人なら安心。

もちろん変更事項や確認などの連絡もしっかり入り、確実であることが大切なのはいうまでもない。こちらの不安にも誠意と明確な答えを用意してくれる人ならなお安心だ。いい担当者にめぐりあったら、次回もその人にお願いする。そうしてお得意さまになれば、またいろいろな役立つ情報を教えてもらえるのでさらにお得、というわけだ。

知っ得情報

「国際学生証」と「国際青年証」を取得

いわば世界共通の学生証ともいえるのが、「国際学生証」だ。学生証を提示すると学割が受けられるように、これをもっていると交通機関の料金、美術館や博物館の入館料、映画や演劇のチケット代、ユースホステルの宿泊料などが割引になり、身分証明書の代わりにもなる。とくにヨーロッパ方面ではさまざまな特権が多い。各大学の生協窓口や大学生協事業センターで取得できる。

また、学生でなくても、26歳未満までなら国際青年証（日本ユースホステル協会やユーロセンタージャパンで取得可能）を取ることができ、受けられる特典は国際学生証の場合と同じ。

旅行保険の知ってお得な知恵

●バラ掛けか、パックか？

海外旅行に保険は不可欠。しかし旅行社おすすめのプランだとけっこう高くついてしまう。たとえば夫婦や家族でいく場合には、携行品や賠償責任などは人数分すべてかける必要はなく、まとめてかけておけば済む。こういう人たちのためにファミリープランやカップルプランなどが用意されている。

また、自分に必要な項目だけを選ぶ「バラがけ」もできる。生命保険に入っているから旅行先での死亡保険はいらない、というように安く上げたい人は、細かく計算してみよう。

ただし、バラがけの場合、傷害保険だけはかならずかけなくてはいけないことになっている。保険内容がまったく同じなら、バラがけよりもパックのほうが少し割引になっているので、そんなに高額の保険はいらないけど、いちおう一通りかけておきたい、という人は最低ランクのパックにするとよい。

●事前に申し込んだ方が有利

空港でも海外旅行保険の申し込みができるので利用する人が多いようだが、できるだけ事前に代理店で契約しておこう。

たとえば成田空港で申し込んでしまうと、保険がきくのは成田をでてから成田に戻るまでのあいだだけだが、事前に加入しておくと、自宅をでてから自宅に戻るまでをすべてケアしてくれるからだ。空港までの途中の駅の階段で転んでケガをしてしまった、というような場合でも保険がおりるから、こっちのほうが断然安心だ。

●クレジットカードの保険を利用する

クレジットカードをもっている人なら、クレジットカードに付帯している海外旅行保険を利用しよう。ある程度の保険はカバーされているし、保障金額も悪くないうえ、事前に旅行日程を連絡する必要もない。旅行のたびに保険料を支払わなくて済むから、じつに便利だ。

ただ、クレジットカードに付帯している保険の場合は、疾病死亡がついていないとか、ゴールド会員でも傷害・疾病治療費用の金額がちょっと不十分などといったものもあるので、まずは内容をきちんとチェックしておきたい。そのうえで足りないと思うところをバラ掛け保険で補充すれば安心だろう。

旅行資金の知ってお得な知恵

●旅行積立は銀行貯金よりお得

この低金利時代にあっては、毎月少しずつコツコツ貯金しても、利子などないも同然。その点、各旅行会社の「旅行積立」なら、なんと約3〜5%という利率（サービス額）のうえ、積立期間や積立金額もいろいろ選べる。

ただし、満期になっても現金ではなく旅行券でしか受け取ることができないし、つかえる場所は申し込んだ旅行会社の窓口に限られてしまううえ、旅行代金などのおつりや解約時の代金も旅行券で返ってくることになる。

ふつうの貯金感覚では利用できないが、旅行好きには願ってもないサービス。毎月少しずつ我慢してコツコツためれば、気づいたときにはけっこうな旅行資金になっているし、満期になることで、なんとなくいきたいなと思っていた旅行のきっかけにもなる。

　結婚記念日などに合わせて積み立てていくのも楽しいことだろう。

●外貨預金に変えるのも一策

　しょっちゅう海外旅行にでかけるという人なら、貯金を外貨預金に変えてしまうのも一つの方法だ。日本の銀行金利よりも利率がいいし、旅先でつかうこともできる。外貨預金はどの国を旅行するときでもたいていつかえる米ドルでするのが無難だろう。

　いうまでもないが、外貨預金は円高のときに買って、円安で売るのが鉄則。為替の動きに対応できるよう、短期ものを選んで買おう。もし円に換えたら損がでてしまうような場合でも、円に換えずドルのまま引きだして、旅先でつかってしまえば損をすることもないというわけだ。

●シティバンクのコレが便利

　前もってトラベラーズ・チェックを用意して、いくらかは現地通貨に両替して……というのがいままでの海外旅行。

　でもシティバンクの「ワールドキャッシュ」なら、あらかじめ日本で口座に日本円を預けておくと、１００以上の国や地域の約43万台のＣＤ／ＡＴＭで、24時間、３６５日、いつでも現地通貨が引きだせる。手数料は1回の引きだしにつき２００円、残高照会は１００円で、残金は帰国後、日本円でそのまま払い戻される。

　ヨーロッパ周遊のように何か国も訪問するときにはとくに便利。

●クレジットカードは海外に最適

クレジットカードには、海外旅行のときにもおおいに役立つお得なサービスがいろいろついているので、もっている人はもう一度見直してみたい。

クレジットカードは現金よりも安全なのが魅力。現金は盗難にあってしまうと絶対に戻ってこないが、クレジットカードなら紛失や盗難の場合、電話で失効手続きが可能だし、もし不正使用されてしまっても盗難保険がついていることが多いので安心だ。24時間受付のフリーダイヤルを設置している会社が多いので、でかける前に手帳などに最寄りのフリーダイヤルの番号を控えておこう。

また、クレジットカードの会員になった時点で自動的に海外旅行の傷害保険がついている場合も多い。カード会社が指定した店では各種の割引サービスが受けられるケースもある。出発前にカード会社に問い合わせて、自分が旅行する国の割引可能な店のリストを手に入れ、上手に、お得に利用しよう。

マイレージを上手に使う知恵

●マイレージは一社集中で貯める

飛行機をよく利用する人にとって、じつにオイシイのが航空会社が発行しているマイレージカードである。これは、利用したエアラインの飛行距離に応じて貯めたポイント（マイル）数を無料航空券などの特典と交換できるサービス。

出張などで海外旅行が多い人はもちろんのこと、最近ではサービス内容が拡大し、海外旅行など一年に一度ぐらいという人で

●東京からのマイル数早見表（片道）

ニューヨーク	6745	マニラ	1879
シカゴ	6286	香　港	1827
ロサンゼルス	5451	台　北	1341
サンフランシスコ	5131	ソウル	765
シアトル	4776	北　京	1329
グアム	1518	ミラノ	6082
ホノルル	3818	パ　リ	6026
シドニー	4863	ロンドン	6220
シンガポール	3328	フランクフルト	5928
バンコク	2887	アムステルダム	5805

※航空会社によって、マイル数は異なります。

もかなり有利なカードとなっている。

マイレージでポイントを貯めるためには、自分の旅行スタイルに合わせてカードを選ぶこと。

一年に一度程度旅行する人なら、有効期限の長い航空会社のカードを選べばいいし、世界各地に足を延ばす人なら提携エアラインの豊富な航空会社、しょっちゅう同じ場所に旅行する人なら、その区間の日本発着便の多い航空会社、といった具合だ。

そして大切なのが、カードは一社集中型で利用すること。いくつもカードをもってポイントを分散させるのではなく、集中的に貯めれば、無料航空券を手に入れる日も近いかも。

●マイレージのマイルを稼ぐ裏ワザ

「どこかに旅行したいなあ」くらいの気持

知っ得情報

リピーターの一歩先を行く宿泊術

同じシーズンに同じ土地を訪れるというリピーターの海外旅行者が増えている。

彼らは、その土地に関しては達人で、旅行会社を通さず直接穴場のホテルに予約を入れたりする。FAXは時代遅れで、インターネットをつかえばインターネット・キャンペーン中で割安になる時期がある……なんてことも知っている。

しかし、もっとお得な宿泊テクニックもある。

たとえばハワイでは、地元の不動産屋に、バケーション・レンタルの広告がでるのだ。バケーション・レンタルとは、コンドミニアムや別荘などの持ち主が、自分たちがつかわない期間、観光客相手に貸しだす物件。

不動産屋には、日本語OKのスタッフもいて、チャレンジしてみる価値あり。

こういった情報は、新聞やミニコミ誌、観光用の無料情報誌に載っているので、日本政府観光局などに出向いて現地の資料を集めるとよい。

ちでいる人に、マイレージのマイルを稼ぐための裏ワザを紹介しよう。

アメリカ系航空会社なら、4都市回れるチケットで大陸の四隅を通過すれば、一度でたくさんのマイルを貯めることができる。

また、ヨーロッパにいくときも、アメリカ系航空会社を利用し、ニューヨークやサンフランシスコ経由でヨーロッパにいけば、時間的には4～6時間の差はあるものの、欧州の航空会社より安くつくケースもあり、お得。さらにマイルも貯まるので一石二鳥だ。

もし、経由地のニューヨークで1～2泊すれば、ヨーロッパを往復するよりも安い料金で、ヨーロッパ＋ニューヨークの旅ができて、もっとお得。

●無料得点航空券で予約をとる隠しワザ

最近すっかり定着した感のあるマイレージサービス。国内の会員数は、何百万人にもふくれあがっているので、ポイントを貯めても無料特典航空券での予約を取るのはかなりむずかしい状況になっている。

一説では、一便10席以下といわれている狭き門なので、いろんな裏ワザをつかってチャレンジしてみよう。

●出発の330日前に予約を入れる(ピーク時の予約は330日前から)。

●ウエイティングリストに入れる(予約状況を聞いて選択する)。

●ビジネスクラスを利用する(予約を入れやすい)。

●午後4時に電話を入れる(これは発券締め切りの時刻で、予約が流れる可能性がある)。

5

◉出国、座席選び、両替まで

空港 達人のとっておきワザ

チェックイン・出国審査の裏ワザ

●長蛇の列から逃れる秘策

チェックインと出国審査の長蛇の列にうんざりなんてことは、だれもが経験済みだろう。そんなイライラ行列から解放してくれるのが、箱崎の東京シティエアターミナル（ＴＣＡＴ《ティーキャット》）だ。

たとえば、ビジネスマンやＯＬなら昼休みにチェックインと出国審査を済ませておけば、成田での手続きはパスできるので、会社が終わったあと空港へ直行すれば、審査を待つ長い列を横目に、乗務員専用の入り口から入ることができるのだ。

また、ＴＣＡＴでは、出発時刻までビジネスルームを利用して仕事をしたり、リフレッシュルームでシャワーを浴びたりと、ビジネスマンには利用価値の高い場所といえるだろう。

ただし、パッケージツアーの場合は、原則としてTCATでのチェックインはできない。つまり、箱崎チェックインは旅の達人ならではの方法だ。

●空き時間を快適に過ごす法

成田空港の出国審査前だったら、理・美容室でシャンプー&ブローのほかに、マッサージのサービスをしてくれるところもある。10分刻みの料金設定など、気軽に利用できるので便利だ。また（各クレジットカードの）ゴールドカード会員専用のラウンジでは、ドリンク無料サービスも。

出国審査後も、たとえば成田空港の場合、シャワールームや仮眠室のある「リフレッシュルーム」があり、忙しいビジネスマンの心強い味方となっている。また第2ターミナルには、14台のモニターを備えた「オーディオ・ビデオルーム」もあり、音楽や映画など好きなものを選んでみることができる。早めにチェックインして時間をもてあましてしまっても、ここに来れば有意義な時間つぶしができる。

さらに子供連れなら、遊具や絵本などがたくさん置いてある「プレイルーム」で遊ばせれば、退屈してグズることもない。ベビーシートや授乳室もあり安心。

快適な座席を取る裏ワザ

●早めのチェックインで決まる

飛行機のエコノミークラスでは、チェックイン順に席を決定していく。つまり、よい席を取りたければ、早くチェックインすればいいということになる。

では、どの席がよい席かというと、それは個人によってさまざまだろうが、とくに長いフライトの場合、禁煙席か喫煙席かくらいは自分で選びたいもの。窓からの景色を優先したい人は翼の真上でない窓際がいいだろうし、映画がみたい人やしょっちゅうトイレにいく人は通路側のほうがいいだろう。

また、前方はエンジン音がそれほど気にならず、出入り口に近い場所なら乗り降りにも便利。逆に後方だと、通路を通る人が少ないのでリラックスできる。

●スチュワーデスの正面が穴場

また、旅の達人は、スチュワーデスが座る向かい側の座席を希望する。この席は出入り口に面していることが多く、乗客が通る幅がやや広めになっていて、座席の前のスペースがじつに広々としている。

機内で眠るときに、足を十分に伸ばせず、曲げたままの姿勢を崩せないのは想像以上に不自由なものだが、この席ならゆったりと眠ることができる。ジャンボ機なら左右に2か所ずつあるので、座席を選べる場合は一度リクエストしてみてはどうだろう。

●翼近くの席は長時間飛行に最適

また、翼のでているところも意外な快適席。眺めを楽しむことはできないが、長時間のフライトを少しでも快適にと思うなら、翼の近くの席を希望しよう。

ちなみに、飛行機以外の乗り物では、どのあたりに座るのが心地よいか？　たとえばバスならいちばん前。眺めもいいし、もっとも揺れずに済む場所なのだ。

電車なら車両の中央部があまり揺れない

景色を優先したい人は…
翼の真上でない窓際を!
映画の見たい人、トイレに近い人は…
通路側がイイネ
エンジンの音が気になる人は…
前方の席を選ぼう!
出入口付近なら乗り降りがスムーズ
リラックスしたい人は…
後方の席がおススメ。通行人が少ないので落ち着く
スチュワーデスの向かいの席を狙おう!
う〜ん ゴクラク〜
座席の前のスペースが広々としていてとっても快適♡

し、船の場合は、真ん中あたりの船底に近い場所がいい。

●座席をアップグレードするコツ

航空会社では、キャンセルをある程度見越したうえで飛行機の座席数の予約を受けている。このキャンセル数が予想を上回った場合に起きるのが「アップグレード」。エコノミーで受けた客を、その料金のままでビジネスクラスへと格上げしてくれる、庶民にはうれしい制度なのだが、では、そのうれしい恩典を受けられるにはどうしたらいいのだろうか。

基本的にはアップグレードには優先順位があって、まずはその航空会社のカードやマイレージをもっている人。団体の客なら、その航空会社系列のツアーに参加している人が優先されることになる。

しかし、そうはいってもなにぶん急なことなので、カウンターの係員のちょっとした気分で決まってしまうことも少なくない。その基準とは、スッキリした服装で、正規にビジネスクラスの料金を支払った客に悪印象を与えないムードをもった人。小汚い格好で、「どうみても格安客だな」なんていう外見ではダメ。

旅慣れた旅行者を思わせる、小ぎれいでさりげないいでたちをして受け付けカウンターの前にスッと立ち、アップグレードをしてほしい旨を申しでれば、運よくビジネスクラスへ格上げしてくれるかも……。

海外の空港で困らない裏ワザ

●乗り換え空港で異国を味わう

乗り換えのために立ち寄る空港では、な

んとなくイライラ、ソワソワしながら、ただダラダラと時間を過ごしている人も少なくないだろう。

でも、乗り換え空港だって海外旅行の一環と考えて、楽しまないと損。たとえばヨーロッパやアメリカの空港の場合、ほとんどの空港にシャワールームや仮眠室があるし、その土地ならではのお土産品なども売っているので、外にはでなくても、現地の香りやムードを楽しむことはできる。なかでもオランダのスキポール空港では、ヨーロッパ中のブランド品やチーズ、キャビア、ワインなどの食料品が購入できる充実ぶりなのだ。

空港での時間を余裕たっぷりに過ごせてこそ賢い旅行者というもの。免税店のなかを右往左往して走り回るだけが能じゃないのだ。

●空港で一夜を明かすときは

バックパッカー（リュックひとつで気ままに旅する旅行者）のいちばんの悩みのタネは安いホテル探し。安宿を探すには昼間の明るいうちに目的地に到着しておき、観光案内所などで情報をたっぷり仕入れるのがコツだ。

でも、いつもそんな早い時間に到着できるとは限らない。そんなときは、空港で夜を明かして、到着した翌日に安宿探しをするというのが一般的。ただ寝るだけのためにホテル代を支払うのは、あまりにももったいない。

ただ、空港で一夜を明かす場合は、入国手続きはせず、トランジットの扱いにして空港のなかにとどまるようにしよう。いったん入国審査場を通ると、現地の人が自由に出入りできる、空港の待合室のベンチに泊まらなければならなくなる。

当然、盗難にあう可能性も高くなってしまうのだ。

●リコンファームの簡単な方法

英語があまり得意ではない個人旅行者の気を重くするのが「リコンファーム」。リコンファームとは、そのフライトにかならず乗るという航空会社と乗客の確認作業のことで、搭乗48時間前までに手続きをしなければならないもの。

ツアーの場合は、添乗員や現地係員がやってくれるが、個人旅行者は自分で航空会社に電話をし、リコンファームしたいと告げ、名前、日付、フライトナンバーを告げることになる（下のイラスト参照）。しかし、日本の航空会社でないかぎり現地で日本語は通じない。しかも電話……。こんなリコ

リコンファームの会話例
1 予約の再確認をしたいのですが。 I'd like to reconfirm my reservation.
2 何日ですか？ When is it?
3 11月4日です。 November 4.
4 どの便ですか Which flight?
5 フライトナンバー026東京行きです。 Flight No.026, to Tokyo.
6 お名前をどうぞ。 Your name, please.
7 田中すみれです。 My name is Sumire Tanaka.
8 再確認できました。 Ok. You are reconfirmed.
9 ありがとう。 Thank you.

ンファームを簡単にする方法がある。帰りの便が確実ならば、現地到着と同時に空港で済ませてしまうのだ。これなら、目の前の相手に告げるので、電話よりもラクにできる。

もし、空港でリコンファームできなかったら、ホテルのフロントに頼んでやってもらうという手も残っているが、この場合はかならずチップを渡すこと。

両替で少しでも得する裏ワザ

●空港での両替は必要最低限に

海外にいったらすぐに必要になるのが、現地の通貨。空港に着いたら、真っ先に両替しよう。でも、このとき両替するのは、持ち金の一部だけで十分。空港の両替は、たいてい24時間オープンしているので深夜でも両替できるが、レートのよくない場合も多い。しかも、両替してからホテルまで移動するあいだには危険もともなうので、せいぜい空港から市内にでるための交通費や電話代、チップ代などだけにしておこう。残りは市中の銀行やホテルで両替すればいい。

できることなら現金は必要最小限度にして、買い物などはトラベラーズ・チェックかクレジットカードで支払うほうが安全。トラベラーズ・チェックは紛失や盗難にあったときに再発行できるし、カードを紛失しても保険に入っているから安心だ。

●現地での両替は銀行でする

現地での両替はやはり銀行がいちばんだ。でも、銀行によってレートがちがう場合もあるので、添乗員や現地係員に聞いてみるといいだろう。

ふつうは大銀行のほうがレートが高くなっている。反対に、街なかやホテルでの私設両替所では、手数料を高く取られたりする場合がある。

両替して両替証明書と現地通貨を受け取ったら、その場で表示してあるレートで計算されているかをきちんと確認し、それから受け取った現地通貨が証明書のとおりにあるかどうかを自分で数えること。たとえうしろにどんなにたくさんの人が並んでいようとも、これだけはきちんとしておく。そうしないと、あとからいくら足りないと申しでたところで、もうとりあってはくれない。

また、どこでだれが狙っているかわからないので、一度に多額の両替をしないほうが無難だ。

●平日に行列している所が一番

前述のように、両替は市中の銀行が無難ということになるのだが、すこしでも得するコツを覚えておいて、チャンスがあれば試してみよう。

まずは、いくつかの両替所をあたって、いちばん有利なところを選ぶこと。さらにレートのちがう国では、お得な両替所には行列ができているはず。また、週末に両替すると手数料が高くなることもあるので、平日を選んだほうが無難。

もし現地に知人がいれば、その人を頼ってレートのいいところで替えてもらうという手もつかえるが、これに準ずるのが、現地の人がどこを選んでいるかということだろう。

結論としては、平日に、行列のあるところで……というのがポイント。

●アメリカでは100ドル札にしない

日本の１万円札と同じような感覚で、アメリカ国内で１００ドル札がつかえると思ったら大間違い。１００ドル札がふつうにつかえるのは高級ホテルや高級レストランなど、ごく限られたところだけ。コンビニやファストフードなど、少額の商品を売っている店ではつかえないところのほうが多い、と覚えておいたほうがいい。

これは偽造紙幣がたくさん出回ったため。アメリカでよくつかわれるのは20ドル札までがほとんどなので、両替するときには気をつけよう。

●1996年以降の紙幣が安心

逆にアジアやアフリカの国々では、１００ドル紙幣のほうが歓迎されることもある。同じ額のドルでもいろいろあるドル紙幣のなかで１００ドル札がもっとも交換レートがいいからだ。ただし、偽造紙幣がたくさん出回った年のものは受け取ってもらえないことがあるので要注意。

ちなみに、１９９０年以降に発行されたものはさまざまな偽造防止対策がとられており、１９９６年以降の発行ならさらに安心だ。

●帰国前に両替するときの注意

入国してからの、現地のお金の両替はだれでも気をつかうが、出国のときはついうっかりすることも多い。ドルやポンドなら帰国してからふたたび両替という手もあるだろうが、日本では両替できない国の通貨もある。

そんなときは、空港で両替するといい。あまり早々と両替すると、空港でなにが起こるかわからないという面も考えてのことだ。さらに、そのときは、コインの両替はできないので、あらかじめ紙幣でもっておくようにする。

空港税が求められる土地では、現地通貨が原則だからそのぶんのお金を別にしておくべきだが、少し残ったコインは、空港で飲み物やガムなどを買ったりしてつかいきるとよい。

また、コインそのものを記念に持ち帰るか、お土産にするという手も。

もし残ってしまったら、空港内にあるユニセフの募金箱に入れるという善意の使い道はいかが。

●残った外貨で一儲けする

ドルやポンドなどの現地通貨やトラベラーズ・チェックが余ってしまった、という場合は帰国後に日本で両替することができる。もしも出発時に両替したときよりも円安になっていたら、そのぶん日本円が多くもらえるのでお得なのはいうまでもない。

外貨もトラベラーズ・チェックも、その通貨や種類を扱っている銀行ならどこでも両替してくれる。銀行での両替には手数料がかかるので、新聞やテレビで発表されたレートよりは少し目減《めべ》りするが、それでも毎日変わるレートに注意していて、円安になったときを狙おう。帰国後すぐに両替してしまう人が多いが、意外な収入になるかも。

●わざと免税額を少しオーバーする

税関を早く通過する裏ワザとして、わざと少額の税金を払ってでるということもできる。税関では免税の人と課税の人は別々の列に分かれるが、ほとんどは免税のほうに並ぶ。だからタバコやお酒などを免税範囲を少し超えるように買っておいて課税のほうへいけば、税金を払う手続きをしなくてはならないものの、免税の長い列の後ろにつくよりもかえって早くでられるというわけである。

免税範囲は国によってちがうことや常に一定ではないことも知っておいてほしい。逆に、自分では免税だと思っていても、課税範囲だった場合は税金を納めないと通過できないので気をつけて。

●家族連れが多い列が狙い目

税関を少しでも早く通過したい人は、なるべく善良そうな人が多い列を選んで並ぶといい。家族連れや新婚旅行らしいカップル、老夫婦、まじめそうな女の子は、たとえ列が長くてもすんなりと通過していくことが多い。

逆にちょっとアヤシげな人が一人でも前にいると、税関員のチェックにひっかかってかなり待たされてしまうこともあるので注意したい。

しばらく観察していて、列の流れが速い係官を選ぶのもコツである。係官のなかにも厳しい人とそうでない人がいて、かなりスピードに差がでることもある。もしもカバンを開けるようにいわれたら、素直に指示に従おう。開けるのをしぶっていると、かえって疑われてしまうことも。

6

◉狭くて退屈な空間が大変身！

飛行機 疲れ知らずの快適ワザ

長いフライトを快適に過ごす知恵

●長時間でも疲れない座り方

長いフライトはとかく疲れてしまい、せっかくの旅の楽しい気分も台なしになってしまう。そこで大切なのが座り方。クッションや毛布を背もたれと腰のあいだに挟み込み、シートに深く腰かけるようにすると、かなり楽に過ごせるはずだ。

すこしでも楽をしようと、椅子に浅く腰をかけて、寝そべるような座り方をする人がいるが、これではかえって逆効果。

●足のむくみを防ぐ方法

機内で過ごす時間が長いと、目的地に着いたときには足がパンパンにむくんでしまうことがある。対策として、軽くて丈夫なバッグ（リュックサックなど）を手荷物として機内にもちこもう。これを座席の前に置いて足をのせておく。なるべく大きなものにすれば、機内で余った毛布や枕などをなかに突っ込むことができるから、実に快適な足置きとなってくれる。

それでも疲れてきたら、気分転換に機内を歩き回ったり、スチュワーデスと立ち話をするなどして、すこしでも体を動かすようにしよう。

足がむくまない
毛布や枕などを入れられる大きなものが良い。
バッグの上に足をのせる

●肌の乾燥・荒れを防ぐには

長いフライトで機内泊になるとき、空調が効きすぎて肌荒れが気になるという女性は多い。

人前だからといって、ムリにメイクをしていることはない。機内が暗くなってから、いつもの就寝前と同じように、メイクを落として顔を洗いたい。

機内のトイレは狭いから、座席でメイクを落としてからトイレで洗顔し、化粧水で肌を整える。また、乾燥しているので、保湿の入った乳液かクリームもつけたほうがいい。

ノーメイクだと人目が気になるというなら、仕上げに眉とアイラインと口紅だけつける。眠るときにはアイマスク、起きているときには薄い色のサングラスをかけ、口紅だけつければ、ノーメイクを隠せる。

メイク落としのための化粧品は、二つ折りか三つ折りになった化粧ポーチにまとめておくと、薄暗い機内でもつかいやすくて便利だ。

●ペットボトルを持ち込む秘策

飛行機に乗ったときに大切なのが水分補給。機内はかなり乾燥しているので、水分をできるだけ多くとる必要があるのだ。水分補給が少ないと疲れやすくなるし、女性は肌がカサカサになってしまったりする。ジュースやコーヒー、アルコール類なども配ってくれるが、甘い飲み物を飲みすぎるとかえって体が疲れるので注意。

機内のドリンクサービスにはミネラルウォーターもあるが、できることなら小さなペットボトルを一つ持ち込むといいだろう。重かったら空《から》にして持ち込み、ドリンクサービスの水を入れておけばいつでも飲める。ペットボトルは飛行機内の気圧差に負けないほど強くて軽いし、飲み口が大きいので、なにかほかのものを入れるときにもとても便利だ。

●残った機内食はテイクアウト

わずか半日分のフライトなのに、時差の関係で食事の過剰供給状態の路線があるものだ。運動もできず、じっと座っているだけでおなかもすかないし、かといって残したままも気にかかるというとき、テイクアウトを試みよう。

調理食品は傷《いた》むから、パン、クッキー、果物、それに付属のバター、チーズ、ジャムなど。塩・ゴマ・マヨネーズなどのミニパックも、旅先のホテルではなにかの役に立つかもしれないから、いただいておく。

ただし、果物は入国のとき検疫《けんえき》にひっかかる可能性があるのでやめたほうがいいだろう。

到着したばかりの夜、機内食のパンにバターとマヨネーズを塗って、チーズを挟んでサンドイッチに、クッキーにジャムを塗ってなど、軽い夜食には十分だ。

体調を整え、体力を温存する知恵

●酔うスピードは地上の3倍

ふだんは酒豪といわれている人でも、飛行機のなかでお酒を飲むと意外にはやく酔いが回るのでペースに注意がいる。これは、高いところを飛ぶ機内の気圧が下がっているため。酔うスピードは、地上の3倍だといわれている。

「まだ大丈夫！」などと調子にのって、ド

リンクフリーのワインをガブガブやっていると、急に吐き気が込み上げてくるなんてことになるから、気をつけたい。

●体を横にしてぐっすり眠る

長時間の飛行で、座ったまま眠るのは、寝た気がしないという人も多いだろう。もし機内がすいていて、隣の席があいているなら、アームを上げて体を横たえてもかまわない。そのほうが、眠れないまま変にモゾモゾして、周囲に迷惑をかけるよりいいし、往路なら現地入りしてからの体力温存のためにもいい。

ただし、かならずスチュワーデスに断ってから、というエチケットは守りたい。

毛布や枕を借りるのを口実に、さりげなく許可をもらうというのがスマートなやり方だ。

でも、近くに高齢者や赤ちゃん連れがいたら、そんな人たちを優先してあげる心くばりも、できればしてほしいけれど。

●着陸ギリギリまで眠るには

週末、ちゃんと定時まで仕事をして、深夜便で旅へ……などというときは、できれば食事のサービスもパス！　向こうでたっぷり遊びたいから寝かせておいてという人も多いだろう。

そんな着陸ギリギリまで寝かせてほしい人のために、「ドント・ディスターブ」の札を用意している航空会社もあるので、飛行機に乗ったらスチュワーデスさんにぜひ確認しておこう。

しかし、せっかくぐっすり眠っていても、シートベルトをしていないとベルト着用サインがでたときに起こされてしまうので、毛布をかぶった上からベルトをしめておくこと。同様に、シートを倒しておいても起こされるので、リクライニングにしないまま眠ったほうがいいだろう。

でも、「やっぱり食事だけはしたい」なんていう人は、やはりスチュワーデスさんに頼んでおきたい。

●鼻づまりをラクにする方法

せっかくの旅だというのに、ビジネス出張だったり、休暇をとるために連日残業したりしてと無理がたたって体調を崩し、風邪をひいてしまう人も多い。

そんな体調だと、鼻づまりのため飛行機が高度を上げたとき耳が痛くなることがある。こんなとき、つばを飲めば治るが、もっと飲み込みやすくするには、念のためキャンディをしゃぶっているといい。

機内でもらえるが、自分の体調をわきまえて用意していくくらいの心がまえで旅を乗り切ってほしい。

●国内線には長袖を持ち込む

飛行時間が長ければ長いほど、機内の防寒対策や体温調節が大切となる。国際線なら毛布の用意があって、スチュワーデスに頼めばすぐだしてくれるが、2~3時間ていど移動する国内線は用意していないケースがほとんど。

国内線に乗るときは、長袖シャツやソックスなどを前もってバッグに入れておくとよい。

退屈な時間を有意義に過ごす知恵

●この機会に住所録の整理を

退屈な機内では、映画をみるのもいいし、音楽を聴くのもいい。好きな作家の本を心ゆくまで読むのもいい。また、これから訪問する土地の案内書をじっくり眺めて、胸躍らせるのもいい。

でも、たっぷりある時間をもっと有効に使いたい。そう考えるなら、住所録の整理はどうだろう？

そのうちにと思いながら、なかなかでき

ないことの代表格だからだ。とくに出張のビジネスマンにはおすすめだ。

これまでつかいつづけたあいだに、引っ越したり、結婚して姓が変わったりした人もいたり、不幸にも亡くなった人がいたりと、使い込んだ手帳は書き込みや変更があってみづらくなっているはず。

それを新しいアドレスブックに書き写すだけ。静かな機内ではうってつけの、有意義な時間つぶしだ。

●いろいろなモノがもらえる

フライト中は、飲み物や機内食のサービスだけでなく、案外いろいろな物をもらえたり貸しだしてもらえたりする。

たとえば急に具合が悪くなったときの薬は当たり前だとしても、希望すれば封筒や便せん、ポストカード、トランプなどがもらえるので、旅行の記念や、ちょっとしたお土産にいいかも。化粧室には簡単な化粧品、紙コップやペーパータオル、生理用品なども常備されている。赤ちゃん連れの場合は、予約のときに申し込んでおけば、おむつや哺乳《ほにゅう》ビン、簡易ベビーベッドなどがつかえる。なにか欲しいものがあったら遠慮なく申しでてみよう。

●待たずにトイレするには

離陸後しばらくして、ベルト着用のサインが消えたとたんに、あちこちで席を立つ人がでてくる。行き先はトイレ。気流が悪くて長時間ベルトに縛《しば》られていたあとなどには、トイレの前に行列ができてしまう。また、フリードリンクがふるまわれて食事となり、その後片付けのワゴンがみえなくなると、また席を立つ人が多くなる。そして行列である。

たいていの人が、機内に入る前に用を足しているはずなのだが、そのためというべきか、トイレのタイミングがそろってしまうらしい。ここは、ちょっとずらすコツを覚えて、行列なしのトイレタイムにしたい。

まず搭乗前の用足しは当たり前として、食事を運ぶワゴンが動きはじめる前にトイレをつかっておく。そうすれば、食後のゾロゾロが一段落するまで待てるはず。

また、食事を済ませた直後、食器なんかはそのままにしておいて、片付けのワゴンが動きだす前に席を立ってもいいだろう。ワゴンを押しているとき動かれるよりいいと、現場のスチュワーデスもいっている。

さて、もう一つあるトイレの行列タイムが着陸前。直前まで待たず、1時間前を目安にしておけば独占できるだろう。

●機内で水着に着替えちゃう

ハワイやグアム、サイパンといったビーチリゾートにでかける人のなかで、とにかく一刻も早くビーチに寝そべりたいというのなら、いっそ到着前の機内のトイレで水着に着替えてしまったらどうだろう。その上に洋服を着ればなにも問題なし。わざわざホテルの部屋に入らなくても、そのままビーチに直行できるというわけだ。

ただし、ほかの人の迷惑にならないよう、着陸の1時間前くらいまでの混雑していないときに着替えておくぐらいの配慮は必要だろう。

出入国カードの賢い知恵

●空港で書くのでは遅すぎる

入国カードは機内で配られる場合が多い

が、空港に着いてから書くのでは遅すぎる。機内で用紙をもらったら、すぐに記入すること。

　着陸してからあわてて用紙を探すのは面倒だし、さらに書く場所をみつけるのさえたいへんだ。そんな苦労をしてやっと書きあげたと思ったころには、入国審査場は長蛇の列。すでに機内で書いた人が並んでしまっているのだ。これでは到着早々から時間をソンすることになる。

●カードは余分にもらっておく

　リピーターやたびたび海外旅行にでかける人は、日本の空港で出入国カードを余分にもらっておくとよい。格安航空券の場合は、出入国カードを旅行代理店からもらえないケースがあるからだ。そんなとき、予備の出入国カードがあれば前もって記入しておけるので、出国審査場でムダな時間をつかわなくて済む。こうした小さな積み重ねがスマートな旅行につながるのだ。

7

◉私だけのゆったりの時間を演出！

ホテル 知っておくべき極上ワザ

ホテルライフの納得ワザ

●空いた時間で肌のお手入れ

旅先では思いがけず時間が空いてしまうことがある。たとえば一日の観光を終え、ホテルに戻ったあとなどは意外と暇なもの。寝るには時間があるというような場合、時間をもてあますことが多い。

そこで、暇な時間を利用して肌の手入れをしてはいかが。日頃は仕事に追われてなかなか肌の手入れができないというような人でも、旅先でのんびりパックすれば時間の活用にもなるし、肌もリラックスできて、まさに一石二鳥。スケジュールに余裕のある旅行のときには、ぜひ試してみよう。

●日本茶を美味しくいれるコツ

「郷に入《い》っては郷に従え」とはいうが、海

1 まずカップを2つ用意。それとティーバッグのお茶も忘れずに
お茶は65℃くらいが適温。熱湯から素早く65℃に下げるコツがあるのよ!
2 ティーバッグのお茶を入れ熱湯を注ぐ
沸騰したお湯
旅行にお茶を持って行くなら、コレ!
茶
お湯さえあればいつでも手軽にお茶が飲める!
ティーバッグの日本茶
3 もう一つのカップへ2のお茶を注ぐ
これでだいたい65℃になる!
これをいただく

外旅行先では日本の味が恋しくなるもの。日本茶や梅干しなどを口にすると、ずいぶんホッとするものだ。そんなときもっていくと便利なのがティーバッグ式の日本茶。これなら荷物にならないし、ホットウォーターをもらえば、部屋でもお茶を飲むことができる。

おいしいお茶を口にするには、一度沸騰したお湯を冷ましてから飲むこと。煎茶なら温度は65℃ぐらいがベスト。まずカップを二つ用意する。そのうちの一つにティーバッグを入れ、そこに沸騰したお湯を入れる。それをもう一つのカップに移し替えれば、ちょうど適当な温度になる。

●ホテルでの朝食は体調維持の基本

旅程の都合で、まだ夜も明けない暗いうちからホテルを出発しなければならない、という特別な場合を除けば、朝食はできるだけホテルで食べておくほうが賢い。

　ホテルの朝食はたいていビュッフェ式が多いから、お腹のすいたときは好きな量だけ食べられるし、食欲のないときはコーヒー1杯とフルーツをすこしというふうに、体調に合わせて選べるのがうれしい。現地の食事が多すぎたり、どうも口に合わない、という人でもこれなら安心して食べられる。時間を有効につかえるし、慣れない生活に疲れている体の調子を整えるにも強い味方になってくれる。

●レイトチェックアウトを利用する

　宿泊はしたものの、その日もうすこし長く滞在して夜のフライトで移動したいというときなど、チェックアウトを遅らせることができるかどうか、フロントに聞いてみるといい。その夜の宿泊予約状況にもよるがたいていＯＫで、荷物は部屋に置いたまま身軽に観光できるだろう。

　出発前にホテルに帰ってシャワーを浴びるもよし、いっそのこと観光を早めに切り上げて午睡《ごすい》を楽しむのもよし、ちょっとぜいたくな気分にひたれるくつろぎの時間が演出できるだろう。

　追加料金は覚悟しなければならないが、午後6時までの延長で1泊の半額が目安。ただ、ゆっくり出発したいだけの数時間の延長なら、それほど高額は取られないはずだし、中級以下のホテルなら、2～3時間は大目にみてくれることもあるから、交渉してみよう。

　このレイトチェックアウト、出発前に予約できるツアーもあるので、ぜひ調べておこう。

●忙しい海外出張での食事は

忙しい海外出張のビジネスマンにおすすめなのが、朝食をルームサービスでとること。わざわざビジネススーツに着替えてレストランであわただしい朝食をとるよりも、すこし贅沢《ぜいたく》だけれど、部屋でちょっとリッチな朝食をバスローブ姿で楽しむ……。これだけで気分がずいぶんちがって、一日の仕事にたいする意欲もわいてこようというものである。

　そして夜はホテルのバーへ。軽食などを扱っているバーであれば、そこで夕食も済ませてしまうといい。レストランやコーヒーショップで一人でポツンと食べるより、ムードのあるバーで、バーテンダーのすすめてくれたカクテルの一つも飲みながら軽く食事をしたほうが、よほどリラックスできるはずだ。

　ホテルと仕事場を行き来するだけの海外出張でも、過ごし方しだいで気分はかなりちがう。せっかくの海外のひととき、じっくり堪能《たんのう》しようではないか。

洗濯とお風呂の納得ワザ

●服のシワを簡単に取る方法

トランクにつめておいた服を、ホテルにチェックインして取りだしてみたらシワだらけだったりすると困ってしまう。そんなときには、アイロン代わりにバスルームをつかおう。

　シャワーを浴びたあと、浴室内に蒸気のこもっているうちに、ハンガーにかけたドレスをつるしておく。もちろん、バスルームのドアはきっちり閉めて。部屋にこもった湿気と熱気で、翌朝には自然にシワがとれている。もし、あまりにひどいシワなら、熱めのお湯をバスタブに張ったままつるすと、より効果的。

●洗濯物を朝までに乾かすコツ

できるだけ旅の荷物を減らそうとすれば、まずは着替えの衣類に目がいく。そこで旅先での洗濯が必要になるわけだが、のんびり乾くのを待ってはいられない。素早く乾燥させるコツを覚えておこう。

すすぎはお湯でおこない、乾いたタオルを広げて、中心に洗濯物を置き、のり巻きを巻くようにして巻いていき、巻いたあと素足で踏みつける。できるだけタオルに水分を吸い取らせてしまうのだ。

干すのは空調の噴き出し口があればその近くで。なければバスルームで換気扇を回しっぱなしにする。備えつけのハンガーは

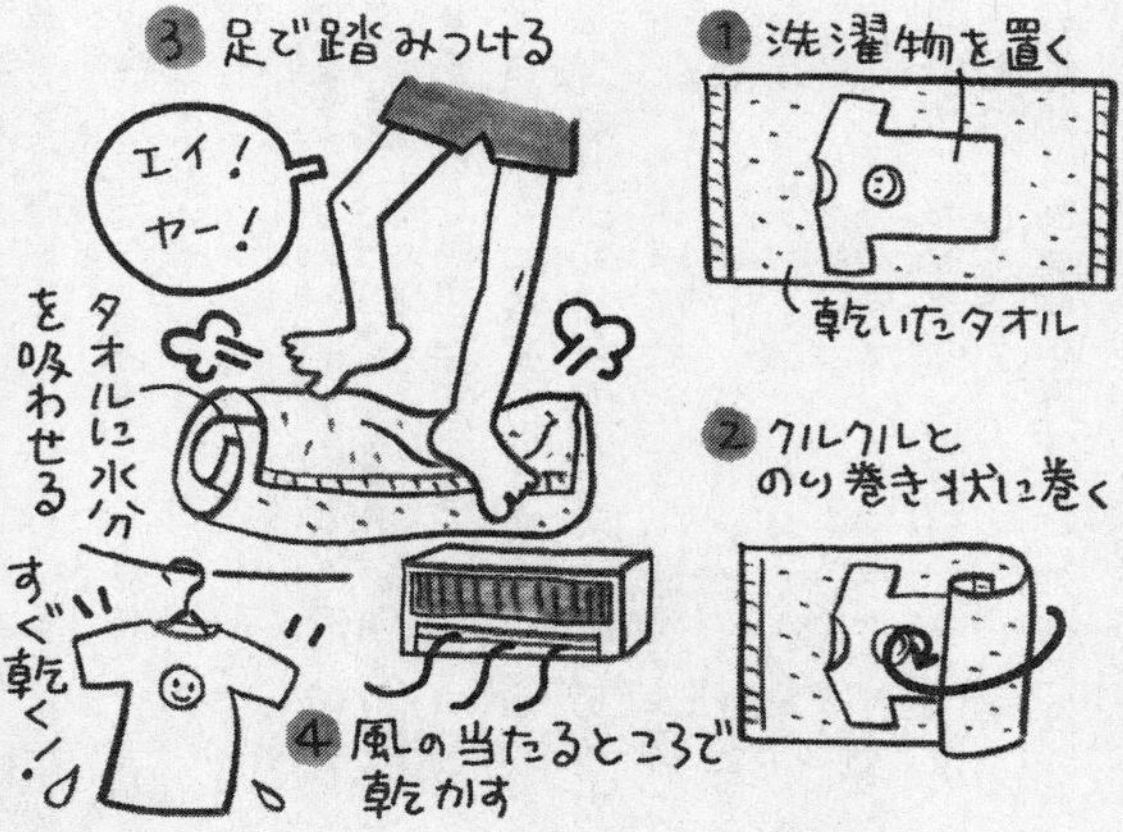

1 洗濯物を置く
乾いたタオル
2 クルクルと のり巻き状に巻く
3 足で踏みつける
エイ！ ヤー！
タオルに水分を吸わせる
4 風の当たるところで乾かす
すぐ乾く！

ロッカーのなかでしかつかえないことが多いから、クリーニング店でもらう針金ハンガーか洗濯ロープを、日本から持参してつるすといい。間違ってもスタンドにはかけないこと。火災の原因になりかねない。

下着なら、水気を取ったあとドライヤーの温風をあてて乾かしてもいいだろう。

●パンツと靴下は脱がずに入浴

旅行中に下着などを洗濯するのは面倒くさい……。でも、それでは洗濯物が増えるいっぽうだし、かといって日数分の下着を用意するとなると、かなりの荷物になる。そこで、そんなズボラな人のための究極の裏ワザを紹介しよう。

お風呂に入るときに、パンツなどの下着は脱がずにそのまま入浴してしまう。下着をつけたままバスタブのなかに浸かったら、手にくつ下をすっぽりとかぶせ、そこに石鹸をつけて全身を洗う。体を洗いがてら下着も一緒にゴシゴシと洗えば、体も下着も一度できれいになるという寸法だ。

洗い終わった下着や靴下は、タオルにくるんで水気を取ったあとバスルームに干しておけば、翌日には乾いているだろう。

●シャワーを快適に使うには

海外にでていちばん驚くのが水事情。飲み水の安全性はともかく、水の出の悪さにもしばしば泣かされる。

ひどいときにはシャワーの湯が途中で止まってしまったり、急に湯が水にかわったり。これは水や湯の供給が十分でないためだ。なるべく、泊まり客がつかいそうな時間帯は避け、早め早めにシャワーを済ませるのが正解。

●ホテルのクリーニングがグッド

ミャンマーやベトナムなどアジアを旅するとき、いちいち自分で洗濯するのはナンセンス。ホテルのクリーニングにだせば、たとえばTシャツなら50円くらいでやってくれる。

洗濯なしで旅するわけにはいかないが、面倒だし時間のロスになる。ホテルのクリーニングサービスをつかえば、貴重な旅の時間が節約できる。

トラブル知らずの納得ワザ

●ルームキーは決まった場所に置く

ホテルの部屋から外出するというときになって、「あれ？　ルームキーはどこに置いたっけ？」と戸惑ってしまった経験のある人は多いはずだ。ついその辺に置いてしまい、いざでかけるときに大あわてで部屋中を捜し回るなんてことになったら、時間がもったいないし、オプショナルツアーなどの集合時間が迫っていたりすると、冷や汗タラタラの状況にもなる。

ホテルにチェックインして部屋に入ったら、真っ先にキーの置き場所を決め、以後はかならず置き場所を守るようにしよう。

●ルームキーは部屋番号を隠して持つ

海外では、ホテル内といえども油断は禁物。悪い人はどこに潜んでいるかわからないので、常に細心の注意を払っておく必要がある。

とくに不注意になりがちなのがルームキー。ホテル内でルームキーをもち歩くときは、なるべく部屋のナンバーがみえないようにもつぐらいの配慮が必要だ。

●セーフティボックスの安全利用法

最高級クラスのホテルならまず大丈夫だが、格安のパック旅行で利用するクラスのホテルでは、セーフティボックスに預けておいた貴重品のうち、現金だけがすこし(あるいは全部)抜かれていた、などということがたまにある。

なかには「そんなもの預かった覚えはない」とさえいわれることもあるから、少なくとも預けた従業員の名前はかならずメモしておくこと。そして被害にあわないために、自衛策をとろう。

まず預ける前に中身をすべてメモしておく。フロントで預かってもらうときに、もう一度その場で中身を確認し、書類に中身の目録を書き、サインしてもらう。封筒などに貴重品を入れたらテープやホチキスで封をする。開けた跡が残るようなものは、泥棒だって手をだしにくいからだ。

受け取るときはサインと鍵を渡し、封筒を返してもらったら、その場で中身を確認すること。

●盗難を防ぐための整理整頓術

滞在型の旅で、ホテルの部屋を留守にするとき注意したいのは、掃除をしてくれる客室整備員や部屋を訪れたほかの客に、出来心を起こさせないこと。つまり、だしっぱなしのアクセサリーをちょっと失敬しようとか、サイドテーブルの小銭をいくらか頂戴するといったようなきっかけを与えないようにすること。

そのためには、室内をきちんとすきなく整理しておく。部屋が片付いていれば、なにかなくなってもすぐわかるし、目につかなければ盗む気にもならないというわけ。

カバンやバッグは当然ロックしておく。たとえなかがグチャグチャに押し込まれた状態であっても、だしっぱなしでなければいい。ドレスや下着も、とりあえずクローゼットに放り込み、室内の掃除がしやすいようにしておく。メイドが開け放って掃除している最中に、たとえ不心得な人が通りかかってのぞいても、きちんとしていれば盗みにくいものだ。

ただしベッドカバーまできちんとしたり、浴室まで整えてしまうと、メイドがいやみだと受け取り、滞在中の関係がまずくなる恐れもあるので、ほどほどに。

●濡れタオルを枕元に置いて寝る

ホテルに泊まったとき、万一の場合に備えておきたいのが火災対策。これには、ぬれタオルが役に立つ。

ホテルで入浴したあと、体を洗うのにつかったタオルは、干さずに、ぬれたままビニール袋に入れ、枕元に置いて寝る。

万一、火事となったら、煙を吸い込まないよう、このぬれタオルを鼻と口にあて、ホテルマンの指示に従って、落ち着いて避難しよう。

とっさのときに、なかなかタオルをぬらす余裕はない。このようにして万一に備えておけば安心だ。

●ホテルへのクレームはすぐその場で

ホテルの部屋のシャワーのお湯がでない、オーシャンビューの約束だったのにちっとも海がみえない、部屋に置いてあった品物がなくなった……。海外旅行先のホテルでなにか不愉快なことが起きた場合は、すぐにその場でクレームをいおう。旅行者のなかには、日本に帰国してから旅行代理店や日本にあるチェーンホテルなどに文句をいったり、代理店を通して盗難などの被害報告をする人がいるが、これでは対応しきれないことも多く、けっきょく泣き寝入りになってしまうケースも少なくない。

その場ではっきり意思表示をすれば、部屋を変えてくれたり、料金を下げたり、優待券をくれるといった対応をしてくれることもあるので、とにかく早めに申しでることである。

●帰りの荷造りをするタイミング

楽しい時間は、あっという間に過ぎてしまうもの。帰国当日にあわてて荷造り、なんてことにならないように、前日までにほとんどの荷物を整理しておくのがベスト。

ある程度荷物が整理されていれば、自分のバッグの空きスペースも把握《はあく》でき、最終日にお土産を買うときの目安にもなる。

引き出しのなかや、部屋のセーフティボックスにしまったものも、忘れずに取りだすこと。なくさないようにしまっておいた大切な品物も、忘れてしまっては元も子もない。帰国まで快適な旅行をつづけるためにも、帰りの荷造りはお早めに。

サービスを活用する納得ワザ

●気に入らない部屋は変更を頼む

せっかくの旅行なのに、ホテルの部屋に入ったとたんにタバコの臭いがムンムンしていたり、音がうるさかったり、設備が悪かったりなんてことがあると、気分がすっかり落ち込んでしまう。こんなときは、理由をはっきり述べて部屋を変更してもらうようフロントと交渉してみよう。

ほかにも「眺めのいい部屋にしてほしい」「もっとムードのある部屋に変わりたい」などの希望でも、空きがあれば変更してもらえることもあるので、ダメでもともと。とにかく頼んでみることだ。

●ホテル代を値切る秘策

たとえ割引料金のシステムがあっても、こちらから切りださないかぎり、ホテル側が申しでることはないから、予約のとき質問して、すこしでも安い料金で宿泊できる努力をしてみよう。

とくに、２泊以上連泊する場合は、それなりの割引率を引きだせるかもしれない。さらに、これからもビジネス出張などで利用する機会があることを伝えれば、お得意さま価格に割り引いてくれる可能性もあるだろう。宿泊料は変わらなくても、「気に入ったので去年もおとといも泊まったよ」などと告げれば、グレードアップのサービスが期待できるかも。

逆に、ベッドのスプリングが悪いとか、バスルームのお湯の出が足りないなど欠点が目についたら、そのぶんおまけしてほしいと申しでてみよう。値段が下がらなくてもともと、言ってみる価値はあるはずだ。

●会員になればメリットたくさん

海外旅行で外資系のチェーンホテルに宿泊する機会が多い人なら、ホテルの会員になっておこう。メンバーズカードは一定の入会金と年会費を払えば自由に加入できるものと、ホテルの宿泊数が一定基準を満たした者が会員になれるものまでホテルによってさまざま。特典もそれぞれだが、入会しておけばかなりお得なサービスを受けられる。

たとえば、専用カウンターでのチェックインや、モーニングコーヒーの無料サービス、新聞の無料サービスなどを実施しているホテルもあれば、午後4時までのレイトチェックアウトや、部屋が空いていればワンランク上の部屋にアップグレードしてくれるところもある。また、エアラインと提携している場合には、宿泊がマイレージのポイントになるサービスがあるし、なかには連泊すると1泊分が無料になるホテルや、シーズンによって会員専用のお得なパッケージがでるホテルもある。

サービスの内容しだいでは、年会費を払ったとしても、たった1回利用するだけで元が取れてしまうこともあるので、宿泊するホテルが決まったら日本の支社などに電話して内容を問い合わせてみるといい。

●トラベルデスクはぜひ利用したい

ホテルにあるトラベルデスク（現地のオプショナルツアーなどを手配してくれるデスク）をおおいに活用しよう。日本人ばかりのオプショナルツアーとはひと味ちがう外国人向けツアーもあって、選択肢が広がる。お好みのツアーを予約して参加したほうが楽しいし、格安の場合もあってお得だ。トラベルデスクはふつうフロントの近くにある。

●コンシェルジェに遠慮は無用

チェックインしたら、ホテルのサービスを受けるのに遠慮は無用。なかでも、コンシェルジェ（顧客の相談係）はおおいに活用しよう。

たとえば、人気のレストランでのディナ

知っ得情報

ホテルなどでのチップの渡し方

●ドアマン

荷物をフロントに届けてくれたときや、タクシーを呼んでもらったときに＄１程度。

●ベルボーイ

荷物を部屋まで運んでもらったときに、荷物１個につき＄１～2程度。

●メイド

毎朝、わかりやすい場所に＄１程度置いておく。

●コンシェルジェ

予約を入れてもらったり、教えられた情報が活用できたときに＄１～2程度。

●ルームサービス

部屋に何かを届けてもらったら＄１。料理の場合は、ディナーで料金の15～20%。そのほかなら＄１程度でOK。

●レストラン

支払いのときに、料金の15%をテーブルやトレイの上に。カードはサインをする際にチップ欄に金額を入れる。なお、サービス料が含まれている場合は不要。

●バー

支払いのときにまとめて払うか、１杯オーダーするごとに。10～15%程度。

●観光バス

運転手がガイドを兼ねている場合は＄１程度払う場合が多い。

●トイレ

ペーパーの供給や案内をする人が常時いる場合は、出るときに¢50～＄１程度。

ーを楽しみたい、観劇のチケットを入手したいといったとき、直接英語で電話して予約を入れるのはなかなか大変。そんなときには、ホテルのコンシェルジェが心強い助っ人になるのだ。

●チェックアウト後は荷物をクロークに

ホテルをチェックアウトしたあと飛行機や列車の時間にはだいぶ余裕があるので、もうすこし市内観光をしたいというとき、重い荷物をもち歩いての観光はおっくうなもの。

こんなときは、チェックアウト後にホテルのフロントやクロークに頼めば、たいていは預かってもらえる。

荷物と引き換えに、番号の書かれたタグなどを渡されることが多いが、これはくれぐれもなくさないようにしよう。

●ソーイングキットをもらう

中級以上のホテルには、アメニティグッズとして、ソーイングキットを備えているところがある。これはけっこうスグレモノ。針と糸はもちろんのこと、ホックやボタンなども入っている。

遠慮なく頂戴して、旅の途中でつかうのもいいし、かさばるわけではないから、日本に持ち帰って、ふだんバッグにしのばせておくのもいいだろう。

●アイスボックスを借りて快適に

とくに暑い国の場合、ホテルのアイスボックスを活用しない手はない。ホテルでアイスボックスを借りて、バーで氷をもらう。ミニバー（部屋に備えつけてある冷蔵庫）にアイスを入れておくと翌日くらいまでもつし、夜は免税店で買ったウイスキーでオンザロツクが楽しめる。

アイスが残っても、翌朝にはミネラルウォーター代わりに冷たい水が飲める。

よいホテルを見つける納得ワザ

●じつはフロントマンの顔が決め手

至れり尽くせりのパック旅行ではなく、泊まるホテルを自分で探さなくてはならない場合は、すこしでも快適で安心できるところにしたい。そういうときは、外観だけでなくかならずロビーとフロントの様子をみてから決めよう。たとえば、ロビーにいる人がビジネスマン中心かあるいは家族客中心かで、ある程度そのホテルの雰囲気がわかるから自分の旅のスタイルに近いほうを選べばよい。ロビーに宿泊客ではなさそうな現地の人がウロウロしているようなところは、当然パス。なかには、泥棒とフロントマンが共謀して盗みをはたらくこともあるそうだ。

そのフロントマンも、格の高い高級なところほどキリッとしたいかにも頭のよさそうな顔をしていて、じっさいの対応も迅速《じんそく》かつ丁寧《ていねい》で、かゆいところに手が届くような気遣いをみせてくれる。

逆に格が下になればなるほど、いくら愛想がよくてもいいかげんな対応で、うんざりさせられることが多い。ホテルを選ぶときにはフロントマンの顔つきや応対ぶりを目安にすること。これはけっこう重要なポイントだろう。

●部屋を必ずみせてもらう

ホテルを現地で探すとき、値段、チェックアウトの時間などは当然、確認すべきだ

が、さらに部屋のなかもかならずチェックしたい。水がでるか、電気はつくか、カギは万全かといったことは、実際にやってみないとわからない。あとでトラブルにならないためにも、かならず部屋のなかをみせてもらってからチェックインしよう。

●宿泊代は必ず交渉して決める

短期滞在の場合は、宿泊料金は固定的だが、長期なら話は別。3日以上、あるいは1週間以上の滞在では割引がある場合が多いので、ホテル代はかならず交渉すること。とくにオフ・シーズンでは、交渉しだいで半額くらいになるケースもある。

●日本人が多数宿泊しているか確認

出張などで現地に長期間滞在したり、休暇をのんびりリゾート地で過ごすなど、滞在型レジャーにでかけるときのホテル選びはむずかしい。

不愉快な客が多かったり、不心得な従業員のおかげで、余計なトラブルなど起こされてはたまらない。そうならないためには、現地調達などといわず、日本で調べて予約していくのがやはりいちばん安心できる。だが、そのとき安全性のチェックを怠らないこと。

まず、ホテルの建っている地域によって、ある程度の見当がつく。さらに、日本人が多数宿泊しているかどうかも目安になるだろう。また、移動のことも考えて、つかう交通手段が安全で値段も高くないか確認しておく。

犯しやすいあやまちは、ホテル名につられて即決してしまうこと。かつて一流だったアメリカのシティホテルで、急速にスラム化が進み、いまはみる影もないといったケースもある。

●バックパッカーは市場周辺が狙い目

地図や情報の少ない街を初めて訪れ、宿泊先を探すのは困難だ。こんなとき目安になるのがターミナルと市場。バスや鉄道などのターミナル近辺や、人々の生活の中心地である市場周辺を探せば、きっと安い宿がみつかることだろう。

ただし、ターミナル近辺のホテルは、各地から大勢の人々が入れ代わり立ち代わりやってきて一泊だけつかうケースが多いので、怪《あや》しげな客も多く、どうしても治安が悪い。なにか事件などが起きても犯人がみつかりにくかったりして事件に巻きこまれるケースもありうる。できることなら避けたほうが無難だ。

●日本で予約できる主なホテルシステム

ホテルシステム	問い合わせ先	特　徴
アップルホテルズ	03-3980-5201 フリーダイヤル 0120-489398 (23区以外)	エコノミーから超高級ホテルまで、世界中のホテルを取扱う。ホテルはもとより、さまざまな現地情報もFAXで引き出せる情報サービスを行っている。カタログ、料金表は無料
JHC(ジェイエッチシー)	03-3401-7916	独自のコンピュータネットワークを駆使し、オーダーには即時に回答。出発間際の予約でも十分に可能だ。ホテルの料金表は日本円で表示。カタログ、料金表は無料
ヨーロッパ・ヴィジョン・ジャパン	03-546-3837	東京とフランクフルト間でオンラインシステムがあり、ホテルの予約処理が迅速。回答も即日もらえる。立地条件等も相談に乗ってくれるので安心だ。料金表は無料

※ホテルシステムとは、常に相当数の部屋数を確保して、旅行会社のオーダーに対応しているホテルの問屋ともいえる存在。問屋価格で部屋を仕入れるため、ホテルシステムに直接予約を入れれば、通常より安い料金で予約できることも。

●日本で予約できる主なホテルのレップ

ホテル名	TEL／FAX	特　徴
コマホテルレップインターナショナル	TEL.03-3833-1760 FAX.03-3506-0766	欧米のホテルチェーンやホテルグループが主体
ベストウェスタン・ジャパン	TEL.0120-421234 FAX.03-3289-4239	世界48カ国3400軒のホテルネットワークを持つ
ITTシェラトン・コーポレーション	TEL.0120-003535 FAX.03-5250-2190	世界61カ国に450軒のホテルを所有している
インターコンチネンタルホテルズ&リゾーツ	TEL.0120-455655 FAX.03-3578-7271	欧米や東欧、中東などの大都市中心にホテルを所有
マリオット・インターナショナル	TEL.03-5275-3711 0120-142536(東京03地域以外) FAX.03-5275-3270	世界27カ所の国と地域に300軒以上のホテルがある
ホリデイ・イン・ワールドワイド東京予約センター	TEL.0120-381489 FAX.03-5485-0331	米国大手のホテルチェーンで1600軒以上を所有
ハイアット・ホテルズ&リゾーツ	TEL.03-3288-1234 0120-512343(東京03地域以外) FAX.03-3222-0430	170軒のホテルを世界で展開している
ブリテン・リザベーション・センター	TEL.03-3646-8159 FAX.03-3648-8178	イギリスのフラットやB&Bなどの予約が可能

※レップとは、ホテルの予約を代行する会社のこと。手数料はかからないが、料金は正規料金となる。宿泊代金は現地で支払う。

上記ホテルシステムとレップの各社のサービス等の状況は変わることもあるので、詳しくは必ず問い合わせのこと。

市場周辺の宿は、長期滞在の商人などが多く、こちらのほうが居心地もいいし、治安もよくて安全。知らない街で安いホテルを探すなら、まず市場のある場所を目指してみよう。

●ユースホステル以外のお得な宿泊施設

宿泊のための資金がほとんどないというようなときは、営利目的ではない宿を探してみよう。

たとえば、キリスト教が普及している国なら、かなり小さな村でも教会があり、簡易宿泊所が併設されているケースも少なくない。仏教国なら、お寺にも宿泊施設が併設されていることがある。こうした施設では宿泊料金を設定している場合もあるが、無料のところもある。しかし無料であっても、でるときにいくらかの寄付（御布施《おふせ》）を置いていくのが常識。ただし、宗教によってさまざまな禁忌があるのがふつうなので、チェックインのときに決まり事をよく聞いておくこと。

大学が夏休みの期間なら、大学寮に泊まるという方法もある。学生が帰省しているあいだ、一般客も泊まることのできるホテルとして開放しているもので、料金は手頃だし、いろいろな国からやってきた旅行者と出会って、ちょっとした留学生気分が味わえる。

若者の場合は、YMCAやYWCAといった宿泊施設もいい。ただし、街の中心から離れていることが多いので、ちょっと不便かも。●

8

◉時差ボケからお腹の不調まで

健康管理 元気いっぱいの安心ワザ

お腹をこわさない安心ワザ

●歯磨きの水にもご用心!

アジアの街では、夜になると屋台街と化す場所がいろいろあって、観光客をおおいに楽しませてくれるものだが、問題は皿の洗浄や水の補給などが十分とはいえず、じつに不衛生なこと。

こうした場所では生水や生ものを絶対に口にしないことが大切。かならず火を通したものを食べるようにするべきだし、お腹の弱い人なら屋台の食べ物は最初から避けたほうが無難だ。

海外では水に問題のある国が少なくないので、ミネラルウォーターは必需品。歯磨きのための水や薬を飲む水にも気を配り、ミネラルウォーターがなければ、コーラなどの炭酸飲料を利用するぐらいの心構えをもとう。

ミネラルウォーターを購入する場合も、かならずフタがきっちり閉められているかどうかを確認することを忘れずに。

アルコールに強い人は、ビールを水の代用に飲む手もある。

●ジュースは「氷抜き」で注文する

海外では生水を飲まないことが基本中の基本だが、レストランなどに入ったときはどうするか？

一般的には、水の代わりにお茶やコーヒー、ジュースなどのソフトドリンクをオーダーしてノドをうるおす。

ただしそのとき、いくら暑くても氷は我慢。東南アジアなどに旅した人が赤痢などにかかってしまうのは、ドリンクに浮かべた氷が原因の場合が少なくない。多くの店が水道水をつかって製氷しているので、氷を入れてしまうと、いくら水を飲まないようにしても意味がない。

オーダーするときは、くれぐれも「氷抜き」をお忘れなく。

●「醤油」が伝染病予防に活躍

海外旅行にでかけるときは醤油をもっていくといい。醤油はコレラ菌やチフス菌、赤痢菌といった病原菌に対して殺菌力をもっているため、伝染病予防としておおいに効果を発揮してくれるのだ。旅行用のミニパックもスーパーやコンビニで売っているので便利。

ただし、醤油をもっているからといって油断は禁物。

もちろん、不衛生なところでは生水を飲まないとか、生ものを食べないといった基

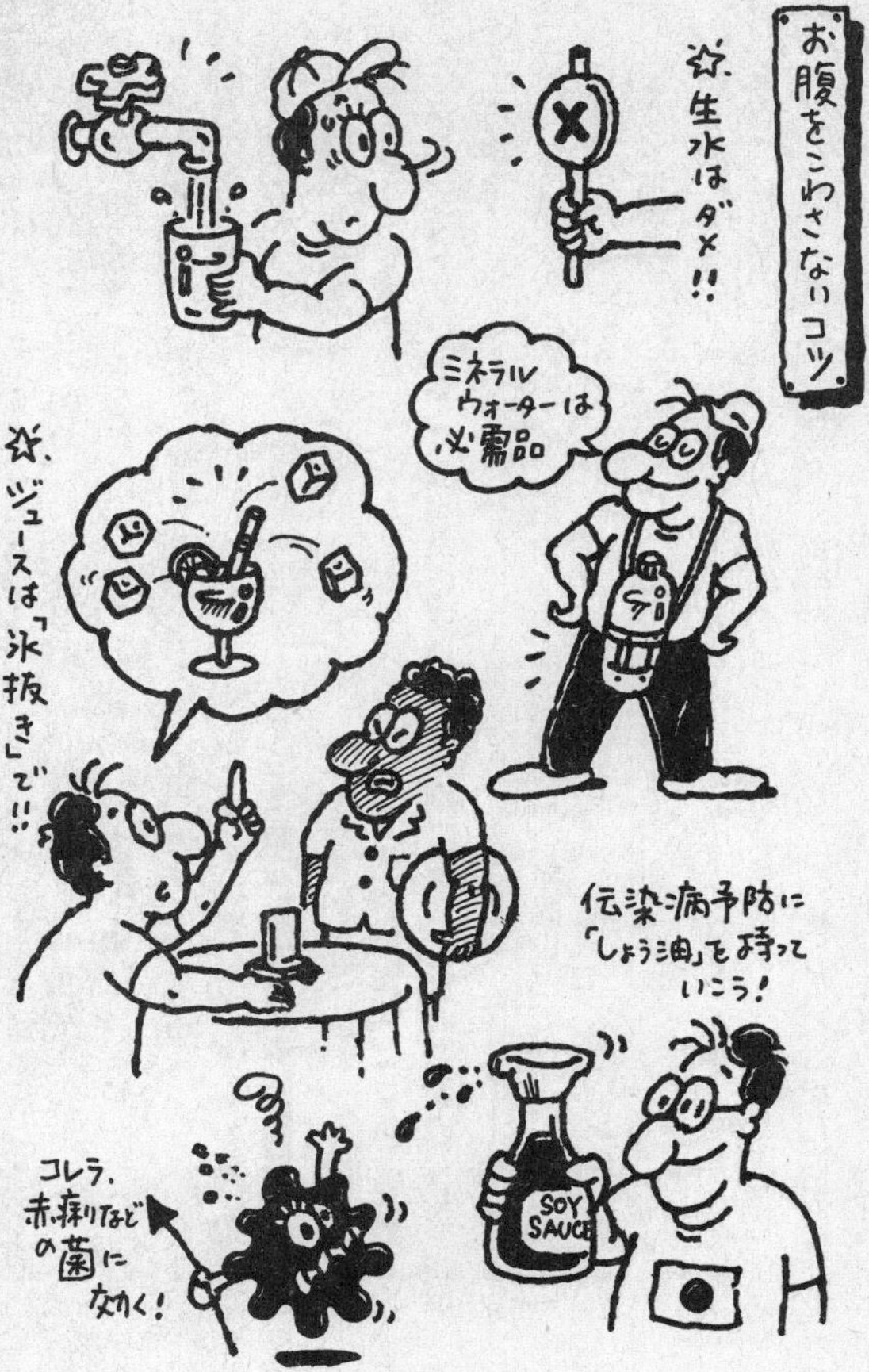
お腹をこわさないコツ
☆.生水はダメ!!
ミネラルウォーターは必需品
☆.ジュースは「氷抜き」で!!
伝染病予防に「しょう油」を持っていこう!
SOY SAUCE
コレラ、赤痢などの菌に効く!

本的な心構えを忘れてはならない。

また、チューブ入りのわさびも毒消し作用があるので、もっていくと使い道がいろいろある。

●便秘や下痢が心配な人は？

ふだんの生活ペースと異なる旅行では、どうしても便秘になりがち。ちょっと早起きして運動をする、水分をとるなどは基本中の基本だが、それでもダメな場合は無理にがんばったりせずに、薬に頼るのも一つの方法だ。

ふだんから便秘がちな人や、旅行にでると便秘になるという人はとくに、自分に合った薬とその分量をきちんと覚えておくことが大切。

では旅先で突然、下痢になってしまったら？

下痢にも細菌性《さいきんせい》のもの、ストレスからくるものなどがあり、すぐ治るものとそうでないものがある。

急な下痢で困らないためには、念のために日本から薬をもっていったほうがいい。現地でも薬は手に入るが、選ぶのが大変だし、体格の差などで微妙に効き方が変わってきてしまう。

もしも発熱や嘔吐《おうと》、激しい痛みなどがともなう場合には感染性の下痢を疑い、それが2～3日つづくようであれば病院へいったほうがいい。

●便秘を解消する方法とは

ふだん以上に、旅行中の便秘は避けたいもの。せっかくの旅行なのに気分はブルーになるし、トイレ事情の悪い海外では、心配のタネがふえてしまう。おいしい料理を

前になんとなくゆううつ…なんてことも。

そこで、朝おすすめの、とっておきの便秘解消法を紹介しよう。

ベッドに横になって、時計と反対回りにげんこつににぎった手でお腹を1周、ゆっくりなでる。これを10回くらいやってみるとよい。

もちろん、ふだんから便秘にならない工夫をして、体調万全で臨みたいものだ。

●病気関係の英単語

病院	hospital《ホスピタル》	吐き気	nausea《ノーズイア》
内科医	physician《フイジシヤン》	嘔吐	vomit《ヴオーミツト》
外科医	surgeon《サージヤン》	胸やけ	heartburn《ハートバーン》
小児科医	pediatrician《ピーデイアトリシヤン》	消化不良	indigestion《インダイジエスチヨン》
歯科医	dentist《デンテイスト》	食中毒	food《フード》 poisoning《ポイズニング》
眼科医	eye doctor《アイドクター》	発作	fit《フイツト》
頭痛	headache《ヘツデイク》	やけど	burn《バーン》
寒気	chill《チル》	切り傷	cut《カツト》
熱	fever《フイーヴアー》	骨折	fracture《フラクチヤー》
咳	cough《コフ》	ねんざ	sprain《スプレイン》
鼻水	running《ランニング》 nose《ノーズ》	かゆみ	itch《イツチ》
のどの痛み	sore《ソア》 throat《スロート》	めまい	dizziness《デイズイネス》
下痢	diarrhea《ダイアリーア》	歯痛	tooth《トウース》 pain《ペイン》
便秘	constipation《コンステイペイシヨン》	血圧	blood《ブラツド》 pressure《プレツシヤー》
胃痛	stomachache《ストマツケイク》	血液型	blood《ブラツド》 type《タイプ》

からだ各部位の英単語

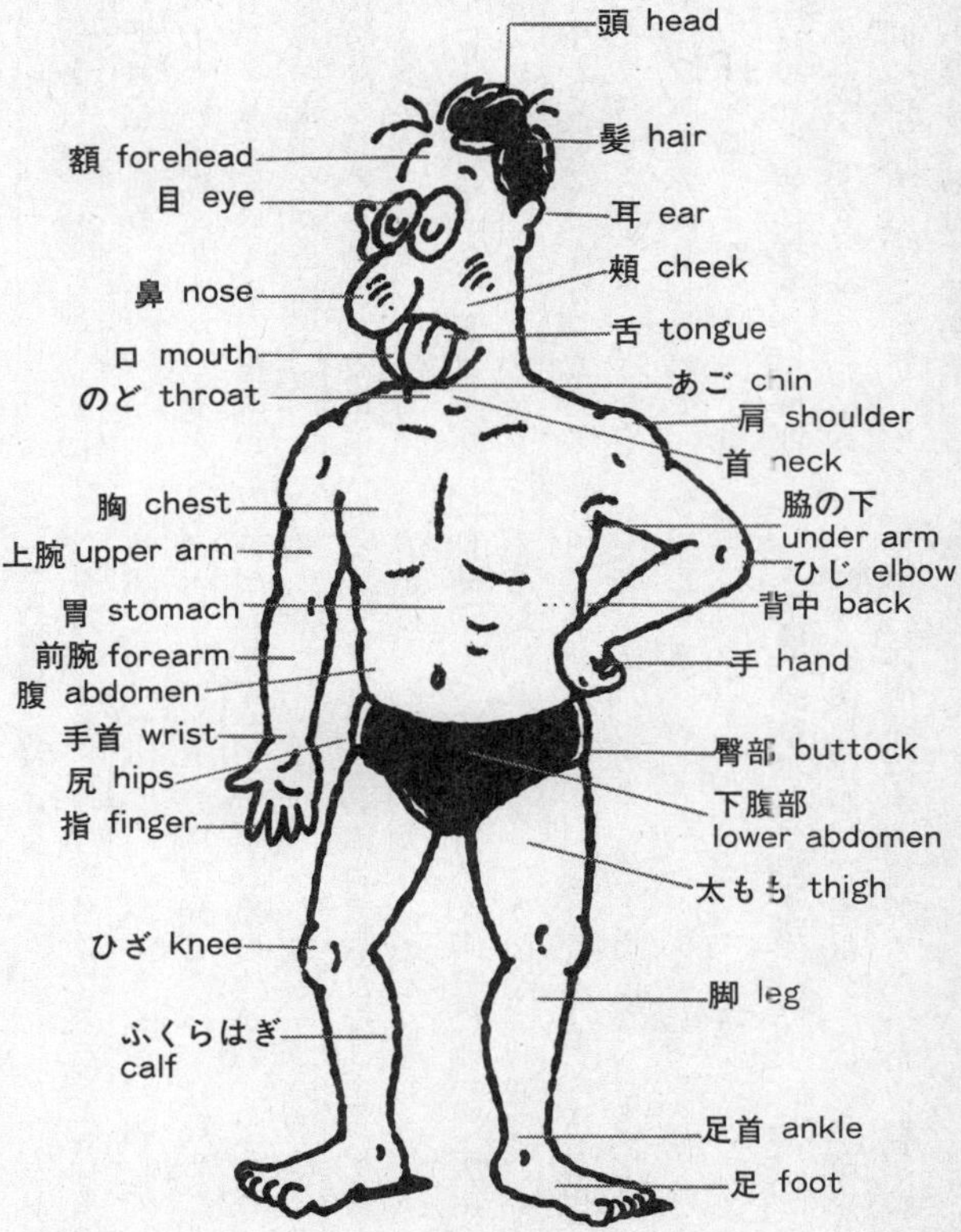
頭 head
髪 hair
額 forehead
目 eye
耳 ear
頬 cheek
鼻 nose
舌 tongue
口 mouth
あご chin
のど throat
肩 shoulder
首 neck
胸 chest
脇の下
under arm
上腕 upper arm
ひじ elbow
胃 stomach
背中 back
前腕 forearm
手 hand
腹 abdomen
手首 wrist
臀部 buttock
尻 hips
下腹部
lower abdomen
指 finger
太もも thigh
ひざ knee
脚 leg
ふくらはぎ
calf
足首 ankle
足 foot

時差ボケを防ぐ安心ワザ

●飛行機の中ではとにかく眠る

海外旅行の大敵といえば時差ボケ。なかでも、日本からアメリカにいくような東行きの場合はとくに時差ボケが重くて、回復も遅い。俗に1時間の時差を調整するには1日かかるといわれているぐらいなので、旅行先によっては1週間以上も時差ボケ状態なんてことになりかねない。

そこで、旅行中から時差ボケ対策をきちんとしておくことをおすすめしたい。まず飛行機のなかでは映画をみたりしないで、とにかく眠ること。着陸のすこし前になったら現地時間に合わせて朝食をとり、現地に着いたらどんなに眠くても昼寝などせず、あくまで現地時間で行動する。これだけで時差ボケはグッと軽くなるはずである。

●入眠剤を利用する

帰国してからの時差ボケなら、とにかく時間をかけて治すことができるが、到着先でボケていたのでは観光どころではない。怖がらずに機内で睡眠薬をつかい、現地時間に合わせて眠っておくのも一つの手だ。

旅先で神経が高ぶって眠れないとか、枕が変わると眠りが浅いなどという人にも薬は便利で、精神安定剤を半分に割って服用するだけでも安らかな夜が過ごせる。

最近は、睡眠薬というより入眠剤として、医師が処方してくれるようになったので利用してみたい。

●食事で時差ボケを治す法

話が前後したが、時差ボケとは、急速な移動に体内時計が同調できないために起こるもの。

体内時計の情報は、脳の中心付近にある松果《しょうか》体《たい》という器官がメラトニンというホルモンの分泌をコントロールして伝達しており、体内のメラトニンの量が多いと眠くなり、少ないと活発な活動を促《うなが》す。時差ボケが起きるのは、このメラトニンのバランスが崩れてしまうからで、メラトニンの分泌をコントロールすれば時差ボケが解消できるということになる。

具体的にどうすればいいかというと、メラトニンの分泌を抑えるためにはタンパク質に含まれているチロシンを増やせばいいし、メラトニンを増やすには体内のブドウ糖を増やせばいい。

つまり、朝や昼は肉や魚、卵などのタンパク質をたくさんとり、夜はパンやパスタ、じゃがいもなどの炭水化物を多くとればいいのである。

スキンケアの安心ワザ

●日焼けしすぎたら紅茶の水風呂に

ビーチで思いっきり遊んだはいいが、あとで体中がヒリヒリ痛いなんて状況におちいってしまったときは、ホテルの部屋にある紅茶をつかってみるのも一つの方法。

紅茶を入れた水風呂に入って痛みをやわらげるのだ。紅茶に含まれているタンニンには、浄化《じょうか》剤《ざい》・解毒《げどく》剤《ざい》としての働きがあり、この成分が日焼けで火照《ほて》った肌を落ち着かせてくれる。

まず濃いめの紅茶をポット（カップでも可）に1杯つくり、これを水を張ったお風呂に注ぐ。あとはこの水風呂に入るだけ。ゆっくりと皮膚の表面がしっかり冷えるように入浴し、何度もこれをくり返せば、肌は落ち着き、ヒリヒリした痛みもずいぶんやわ

濃いめの紅茶を
ポットに1杯、水風呂に
注ぐ
よ〜
ヒリヒリが
やわらぐ

らぐはずである。

●旅先では初めての商品はご法度

旅行にもっていきたい化粧品は、クレンジング、洗顔料、化粧水、乳液といった基礎化粧品、それに日焼け止めがあると重宝する。

最近は旅行用にミニサイズも売られているが、ふだんつかっているものを別容器に詰め替えるという人もいるだろう。この場合はかならず清潔なものをつかうこと。また旅行前にサンプルを集めておいて、それをもっていくとかさばらなくていい。

ただし、つかったことのない商品をはじめて旅先でつかうと、思わぬトラブルを引き起こすことにもなりかねないので、事前に一度試しておくようにしよう。

よくあるのが乾燥によるダメージ。とく

に飛行機の機内や乾燥した季節、渡航先では保湿のケアが重要なポイントである。メイクの上からでもスプレーできるタイプ（ミストタイプ）のものは、気になったときにすぐつかえて便利。また、紫外線やホコリからのガードという点では、ファンデーションは塗っておいたほうがよさそう。

●靴ズレしたときの応急処置法

旅先で靴ズレを起こすと、せっかくの旅の楽しさも半減。応急処置として、靴ズレを起こした部分に救急バンソウコウをはる方法があるが、やっぱり歩くたびに靴がすれてすこし痛むものだ。

そんなときは、足でなく、靴に応急処置をするとよい。靴ズレのあたるところにセロハンテープをはりつけると、すべりがよくなって、足と靴との摩擦がなくなるので、歩いたときの靴ズレの痛みもずいぶん楽になる。

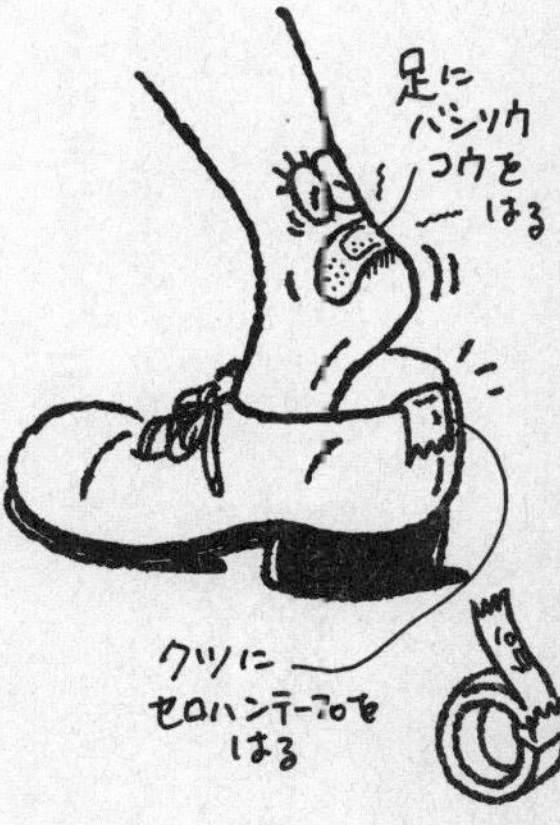

旅の疲れをとる安心ワザ

●お湯にゆったり浸かるのが一番

旅先では、疲れているのに神経が緊張していてなかなか眠れない、なんてことも少なくない。こんなときは、ぬるめのお湯をたっぷり張って、長めにつかるようにしよう。神経をリラックスさせてくれるし、歩き疲れて足がむくんでいるときにも効果的だ。ふだん家でつかっているバスオイルなどをもっていくのもいいだろう。

ただ、国やホテルによってはバスタブがなくてシャワーだけなんて場合もある。そんなときは、軽く体を動かしたりしてリズムをリラックスモードに切り替える工夫をすること。テンポのゆっくりした音楽を聴いたり、寝る前にお酒や牛乳を飲むなども効果がある。

●バスタブを加湿器代わりにする

エアコンを入れたまま寝たために風邪をひいてしまったといった旅行先での失敗は、決して珍しくない。それでなくても、ヨーロッパなどでは空気が乾燥していて、朝起きたらノドがガラガラになっていたなんてこともある。

対策として、夜寝る前に、バスタブに熱いお湯をいっぱいに張って、バスルームのドアを開け放して寝る。浴室の湯気が加湿器代わりとなって、必要以上の乾燥を防いでくれる。また、ホテルによっては空気清浄器や加湿器を用意してあるので、フロントなどに問い合わせてみよう。

●眠れない時は酢を大さじ一杯

旅先ではふだんより神経が高ぶって、どうしても眠れないということもある。でも、大さじ1杯ぐらいの酢を口に含むと、すんなり寝つくことができる。

酢はどこにでもあるというものではないので、日本から小さなビン（割れにくいもののほうがよい）などに入れて持参しよう。

酢はとても健康によく、酢を飲む健康法もあるぐらいなので、飲めるなら多めに飲んでも大丈夫。旅先だけでなく、ふだん眠れないときなどにも利用できる方法だ。

●ツアーの同室者との付き合い方

ツアーはたいてい二人部屋が1単位なので、一人で参加すると相部屋になることが多い。旅行会社では参加者の年齢層や職業などを考慮して同室者を決めてくれるが、見知らぬ人との相部屋というのはかなり気をつかうし、なにかとトラブルにもなりやすい。

うまく過ごすためには、まずベッドの場所や風呂の順番はじゃんけんで決める。相手が夜型か朝型かに関係なく自分のペースをつらぬく。自分だけ先に眠るような場合は耳栓《みみせん》やアイマスクを利用する。もってきた衣服の数や所持金に差を感じたら、自由行動中は一緒に行動しない、といった配慮をしよう。

自分と合わないと感じたら、初めからはっきり難色を示しておくぐらいの気持ちも必要だ。とにかくイジイジと一人で悩まず、明るく、はっきり意思を示そう。

9

◉もっと楽しく、もっと個性的に！

観光
ワンランク上の㊙ワザ

知らなきゃいけない基本ワザ

●道路の横断は車を睨みながら

「右みて、左みて、前をむいて手をあげて」という横断歩道の渡り方は、日本の交通事情のなかでしか通用しない。

クルマが右側通行か左側通行かは国によってちがうし、日本の「歩行者優先」のような常識もないところがほとんどなのだ。横断歩道だからとのんびり歩いていると、ハネ飛ばされかねないのでご注意。

たとえ横断歩道でも、クルマのやってくる方向をみながら渡ろう。真ん中までいったらつぎは反対の方角に顔をむけ、クルマが走ってくるのを確認しよう。そのとき、運転手の顔をしっかりみて、できれば目を合わせるように。

「まさか、気がつかなかったとはいわせな

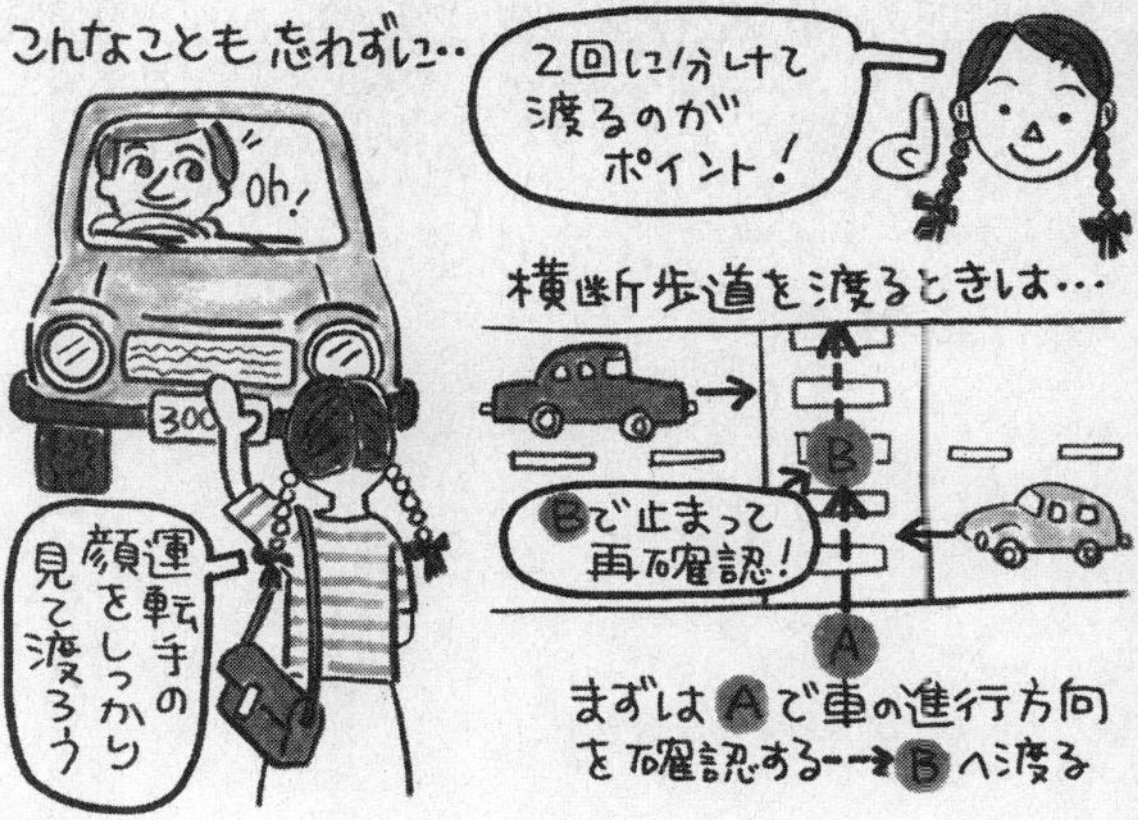

いぞ」というくらいの気概で渡ろう。

●基本的な四つの言葉を覚える

海外旅行は楽しいけれど、まったく言葉が話せないような状況ではあまりにも不便だし、現地の人とのコミュニケーションができなくなってしまう。どこの国にいくにしても、基本的な言葉ぐらいはマスターしていきたいものだ。

絶対に覚えておきたいのが、「こんにちは」「さようなら」「ありがとう」「おいしい」の四つ。なかでも、「こんにちは」「ありがとう」はコミュニケーションのきっかけとしてぜひ覚えておきたい。ショップなどで応対してくれた人や、ちょっと親切にしてくれた人に現地の言葉で「ありがとう」といえば相手も喜ぶし、レストランなどに入ったときに「おいしい」のひと言を伝えるだ

●せめて、これだけは話したい!

	こんにちは	ありがとう
英　語	Hello!《ハロー》	Thank you《サンキュー》
ドイツ語	Guten Tag!《グーテンターク》	Danke shön《ダンケシエーン》
フランス語	Bonjour!《ボンジュール》	Merci《メルスイ》
イタリア語	Buon giorno!《ボンジヨルノ》	Grazie《グラッツイエ》
スペイン語	Hola!《オラ》	Gracias《グラシアス》
中国語	ニーハオ	シェーシェー
韓国語	アンニョンハセヨ	カムサムニダ
タイ語	サワッティーカップカ	コープクンマークカップカ
インドネシア語	スラマッシアン	トゥリマカシッ(バニャッ)
ベトナム語	チャオバー	カームウン
フィリピン語	マガンダンハポン	サラマポ
ロシア語	ズドラーストヴィチェ	スパスィーバ
スワヒリ語	ジャンボ	アサンテ
アラビア語	アッサラームアライクム	シュクラン

けで、店の人の対応がずいぶんちがってきたりする。

さらに「いくらですか」や「すこし安くしてもらえませんか」といった言葉も覚えておくと、思ったよりディスカウントしてくれるかも……。

●チップはどれくらい渡すか

海外旅行先でのチップは悩みのタネ。でも、じつはチップにはちゃんとした目安があって、枕銭（ピローチップ）なら一人1泊1ドル相当、レストランやタクシーなら10～15%程度が基本（113ページ参照）。

チップに適当な現地通貨がない場合は、米ドルの少額紙幣を用意しておくと便利。とくに1ドル紙幣は世界中で通用する通貨のなかでもっとも単位の低い紙幣だからだ。

ただ、チップはもともとあいまいなもの

なので、ときに少なめだったり、ときに多めだったりしてもかまわない。アバウトに考え、その国の通貨で適当な金額に近いものがあれば、それを渡しておけばよい。

●カードのサインは漢字でする

海外旅行では、パスポートの自分のサインをローマ字表記してつかう人が多い。ところが、旅慣れた人は、漢字のサインをつかう。安全性を重視するからである。まず、パスポートを盗まれても偽造されにくいし、もし漢字使用国の人が犯人だったとしても、かえって筆跡のちがいがはっきりする。

もちろんクレジットカードも、パスポートにそろえて漢字だ。相手が読み取りにくいのではという気づかいは無用。サインはマネされにくいもののほうが安全という、

知っ得情報

ポケットティッシュを忘れちゃダメ

ロシアや旧ソ連の国々にいくときは、ポケットティッシュが必携。トイレには紙がないことが多いし、あってもトイレットペーパーはごわごわなのだ。

ウエットティッシュもなにかと重宝するので、ホテルの外にでるときは、この２種類のポケットサイズのティッシュを忘れていないか、かならずチェックしよう。

サイン本来の目的を考えれば、逆に利点である。それでも、できるだけ同じ字が書けるよう、名前の書き方をレッスンしておく必要はあるかもしれない。

●トイレはホテルかデパートで

日本のように公衆トイレが街なかにたくさんある国は珍しい。たいていの国では、公衆トイレ自体がなかったり、あってもなんらかの犯罪に巻き込まれるケースが多いので、なるべくなら入らないほうがよい。

観光途中にどうしてもトイレにいきたくなったら、近くのホテルを探すこと。どんな国でもホテルのなかのトイレはいちばんキレイで安全な場所だといえる。そのほかでは高級デパートやショッピングセンター、ファストフードの店など。

街なかで困らないためにも、朝ホテルをでる前や、お茶や昼食で立ち寄ったレストランなどで、きちんと済ませておくことが大切だ。またペーパーを常備していないところもあるのでポケットティッシュは携帯しておこう。

●アラビア式トイレの極意

アラビア式のトイレには、トイレに水の入った容器がおいてあり、トイレットペーパーがない。インドやインドネシア、中東諸国などに多く、慣れない日本人にはどうやってつかえばいいのか戸惑ってしまうことだろう。では、どうやって用を足すか。

容器に入っている水をつかってお尻を洗浄するのである。このときつかうのは「不浄の手」といわれる左手。お尻をきれいに洗ったら、容器の水で手を洗い、残った水をつかって水洗トイレのように汚物を流せ

●各国のトイレ事情

北　米	ドアの上と下が30cmほどあいているのが普通。男性用トイレの小便器は、日本のものより位置が高い。
イギリス	トイレ事情はよいので、安心して利用できる。町のトイレは、地下に降りるようになっている場合が多い。
フランス	パリ市内には有料のカプセルトイレがある。また、カフェのトイレは電気がタイマー式になっており、時間が来ると切れる。そのときはもう1度スイッチを入れればOKだ。
ドイツ	ドイツ語圏は比較的、町中に公衆トイレが多い。ただし、女性のみ有料というケースがけっこう多い。
南　米	一般的にトイレ事情は悪く、汚いところが多い。注意したいのは、紙を流してはいけないということ。使った紙を捨てる容器がついているところもある。壁と溝しかないようなトイレもあるので、驚かないように。
中　国	ホテルなどの外国人用トイレは、ほとんどが洋式。それ以外は仕切りのないところが多い。町中の有料トイレは鍵がかからない場合もあるので、2人で行って、ドアを押さえていてもらうなどの対策が必要だ。
インド	しゃがんで用を足すタイプが一般的。地元の人は紙を使う習慣がなく、備え付けの水瓶の水を手桶でくんで、左手でお尻にかけて流している。

●各国のトイレの表示

	トイレ表示	男性用	女性用
英　語	Toilet Lavatory W.C. Rest Room	Gentlemen men	Ladies Women
フランス語	Toilettes	Hommes Messieurs	Fammes Dames
ドイツ語	Toilette	Herren	Damen
スペイン語	Servicio	Hombres Caballeros	Señoras Damas

ばおしまいだ。

要するに手動のビデ付き水洗トイレのようなもの。どうしても抵抗があるという人は、ティッシュを持参しよう。

知ってて便利なアイデア技

●移動の列車内で洗濯物を干す

仲間うちで列車のコンパートメントが占領できたら、洗濯物を干してしまおう。列車内は空調がきいていて、むしろ乾燥ぎみなのでよく乾くのだ。また、濡れた洗濯物によって乾燥ぎみのコンパートメントに湿気ができて、かえって過ごしやすくなる。

●ハンドタオルは入浴にも便利

昼は汗や手をふいたりするのに欠かせないハンドタオル。これを旅先で毎日洗濯するのも面倒だ。いっそのこと、汚れたハンドタオルに石けんをつけて体を洗ってしまおう。

体を洗ったあとは、しっかりすすぎをして乾かせば、翌日、洗いざらしでつかえる。

●縦長のスカーフは応用が効く

縦長のスカーフを旅に持参するととても便利。首に巻くと日焼け防止になり、帽子の下にかぶれば、日焼けやホコリが防げる。またディナーの席ではショールとしてつかえるなど、用途は多い。

さらに高度差のある山にたどり着いたようなときには防寒用にもなる。

●空気枕は浮輪代わりにもなる

旅行用の空気枕には意外な使い道がある。泳げない人は浮き輪の代用品になる。空気枕を目いっぱいふくらませて、つかまればいい。また、救命用具のないボートに乗るとき、空気枕をふくらませてもっていけば、ボートが転覆などという緊急の際にも、泳げない人には強い味方になってくれる。

●開発途上国では懐中電灯が役立つ

ナイトライフは旅の楽しみの一つ。でも目いっぱい楽しんだはいいけれど、帰りの夜道はかなり暗いことが多い。日本のように街灯が整っていない開発途上国では、足元が暗くて歩けないという信じられない事態も起きる。そんなときのために、夜遊びには懐中電灯を持ち歩こう。防犯にも役立つので、とくに女性は必携。

●朝食の残りでウキウキ遊び

シュノーケリング（水面下で呼吸するための器具をつけて、水中の光景を楽しむ）は南のリゾートで大人気のレジャー。朝食を済ませて海にでるときなど、朝食のパンの残りをビニール袋につめて持参してみよう。

パンに魚が群がって、シュノーケリングの楽しさが倍加すること請け合い。

●赤ちゃんの離乳食の裏ワザ

赤ちゃんを連れて海外旅行にいくとき、離乳食を調達するのがなかなか大変。でも空のフィルムケースをいくつか用意し、そのなかにお米の粉やパン、きなことずりゴマを混ぜ合わせたもの、煮干しの粉といったものを入れてもっていけば簡単だ。

食べさせるときに、お湯をすこし足してかき混ぜればできあがり。もっと簡単に離乳食を調達するなら、旅行先の果物屋で桃、バナナといった柔らかい果物を買えばいい。

しっかり皮がついた果物なら、それをむいて食べさせれば衛生面でも安心だ。

困った時のお役立ちワザ

●突然の雨にはビニール袋を

観光などにでかけるときは、厚めのビニール袋を2〜3枚バッグに入れておこう。

お気に入りの靴を履いているときに突然雨に降られたり、雨上がりで道が泥んこになっている場合もある。ぬかるみを歩くハメになり、靴を汚してしまうと、そのあとが大変だ。汚れがひどければ新しい靴を買わなければならなくなる場合もある。

でも、ビニール袋で靴ごとすっぽり包み、足首を輪ゴムでとめて歩けば大丈夫。見た目は悪いけれど、靴をダメにしてしまうことにくらべればさほど気にならないし、靴を脱いで裸足で歩くことを考えれば、よほどマシである。

●生ぬるい缶ジュースを冷やす法

海外でコーラなどの缶ジュースやビン入りのジュースを買うと、よく冷えていなくてガッカリすることがある。日本のようにキンキンに冷えた状態を想像して買うと、その落差におおいに失望してしまう。

ぬる〜い缶ジュースを冷やす法
1 新聞紙で包む
ぬる〜い
2 何度か水をかける
コレでOK!
うん、けっこうイケるかも…

でも、そんなときは、飲み物の入った缶やビンを新聞紙で包み、途中何度か水をかけてみよう。この方法でも一応冷やすことができるので、そのまま飲むよりはいくぶんマシにはなるはずだ。

●迷子になってもこれなら安心

宿泊先のホテルの連絡先をきちんと手帳に写しておくと、なにかあったときに役立つ。でも「そんな面倒なことはしたくない」という人は、ホテルの住所や電話番号が書かれているカードやマッチ、メモ帳などをもち歩くようにするといい。

観光の途中で迷子になってしまい、どうしてもホテルの場所も名前も思い出せない、というときでも、住所が書いてあればそれを人にみせて教えてもらえるし、タクシーの運転手にみせれば無事に連れていってもらえる。

●サブバッグにはスーパーの袋

スーツケースのほかに、ハンドバッグかポーチはもつとして、旅先で街にでるときサブバッグになにをつかうかは、旅行中に頭を悩ます問題。機内持ち込み手荷物用のバッグだと大げさだし、リュックはかけたりはずしたりが面倒というとき、現地スーパーの袋をつかってみよう。

安い雑貨でも買えばタダでもらえるところが多いし、これをブラ下げて歩いていれば旅行者かどうか見分けがつきにくく、スリの目もごまかせるかもしれない。ただし、どこからみてもヨソ者とバレないように、あくまでもさりげなくつかい、間違ってもブランドのバッグを買った紙袋と一緒に提《さ》げたりしないこと。

おまけに下着を入れたり、ゴミ袋にしたりと使い回しもきく。外国のものより丈夫な日本製をもっていっても、十分活用できる。

●メガネのくもりを簡単にとる法

外と室温の変化が激しい場所では、メガネがくもってイライラしてしまう。くもり止めを用意していれば問題ないが、荷物になるし、旅先にもっていくのを忘れてしまったりするとおおいに困ってしまう。せっかくの観光もこれでは台なし。

でも大丈夫。そんなときは、指先をちょっと濡らして石けんをつけ、メガネの両面に薄く塗りつければいい。そのまま十分に乾かしてから、乾いた布でよくふきとる。これでメガネのくもりはスッキリ解消。心地よく旅がつづけられることだろう。

●経験をもとに「会話集」を作る

旅先でとかく困るのが言葉。自信がある人ならともかく、英語も満足に話せない状況では、なにかトラブルがあったときにおおいに困り果ててしまう。

そこで用意したいのが、自分だけの「オリジナル会話集」だ。何度か海外旅行にでかけてみると、どんな会話が必要で、どんな言葉を知らなくて困ったかといったデータが自分なりにわかってくるので、それを一冊のノートにまとめておくのである。

たとえば「冷蔵庫が壊《こわ》れていて、中身が冷えません」といった苦情の言葉や、相手を褒《ほ》める言葉、タクシーなどで過剰なチップを要求されたときに怒るための言葉など、意外とつかうフレーズは多いはず。英語の勉強にもなるし、友人などに教えてあげればおおいに感謝されることだろう。

●バッグの小物は前夜に必ずチェック

蚊よけスプレー、ティッシュ、バンドエイド（救急絆創膏《ばんそうこう》）……こまごまとした小物をもって旅立ったのはいいが、イザというときにハンドバッグに入っていなかった、なんて失敗はけっこうある。

旅にでたら、つぎの日にもち歩くバッグに必要なものが入っているか、毎晩チェックすること。いつのまにかなくなっていたりするので、きちんと補充するのを忘れないように。

やってはいけない(禁)ワザ

●こんな建物は写真に撮っちゃダメ

社会主義国や中東を旅行して、建物や景色を写真に撮りたいというときは、注意が必要。軍事基地、警察、政府庁舎、銀行な

●知ってると役立つ英会話集

- Does anybody speak English here?
  誰か、英語を話せる人はいますか？
- Do you know what I mean?
  私の意味していることがわかりますか？
- Do us a favor would you.(Could you do me a favor?)
  お願いがあるのですが。
- Have you got a light?
  ライターを持っていますか？
- Thanks for your help!
  手伝ってくださってありがとう！
- When do you have a flight to ×××?
  ×××行きのフライトはいつありますか？
- What time is departure?
  出発は何時ですか？
- I would like to reconfirm my ticket.
  切符を再確認したいのですが。
- How many flights are there a week?
  1週間に何便ありますか？
- How often does a boat go to the next island?
  隣の島へ行く船は、どのくらいの間隔で出航しますか？
- Where are you going?
  どこへ行くのですか？
- Could you give me a lift?
  乗せていただけますか？
- How far are you going?
  どのくらいの距離がありますか？
- How far is it to ×××?
  ×××は、どのくらい遠いですか？
- How many kilometers is it to ×××?
  ×××まで何キロありますか？
- What time is check out?
  チェックアウトタイムは何時ですか？
- How much is a double room?
  ダブルの部屋はいくらですか？
- Do you have any cheaper rooms?
  もっと安い部屋はありますか？
- Is that your cheapest room?
  これがいちばん安い部屋ですか？
- Can I see the room?(please)
  部屋を見られますか？
- Could you tell me how to fill in this form?
  この書類をどう書いたらいいか教えてください。

- How much does it cost to send this to japan by air mail?
  航空便で送るのに日本までいくらかかりますか？
- Could you give me five eleven cents stamps.(please)
  11セント切手を５枚下さい。
- What's the rate for one dollar?
  １ドルにつきレートはいくらですか？
- Any chance of a discount?
  もう少し安くして頂けませんか？
- Could you show me another one.(please)
  他のも見せてください。
- Can I have this one?(This one, Please)
  これを下さい。
- How much did you pay for that?
  いったいいくら払ったのですか？
- It depends on how much money you have.
  あなたの懐具合によります。
- It's up to you.
  あなた次第です。
- How long have you been here?
  ここにどれくらい滞在しているのですか？
- Where are you from?
  どこから来たのですか？(あなたの出身はどこですか？)
- How long have you been travelling?
  あなたの国を出て、どのくらいたちましたか？
- Where do you live?
  どこに住んでいますか？
- Is it easy to get a visa for America?
  アメリカのビザは簡単に取れますか？
- Have you been here before?
  ここに来たのは初めてですか？
- I'm used to ××× weather.
  ×××の気候に慣れました。
- Exactly!
  そのとおりです！(まさに私が言いたかったことです。)
- I'm fed up.
  もうあきあきです。
- Take it easy.
  気楽にね。
- See you again sometime.
  またいつか会いましょう。
- Take care.
  気をつけて。
- Have a nice trip!
  よい旅を！

どが写真撮影禁止となっていることが多いからだ。

また、空港、鉄道の駅舎や列車、橋なども、軍事機密になっていることがあるし、兵士の撮影もご法度《はっと》だ。

これらを撮影すれば、へたをするとスパイ容疑で逮捕。そこまでいかなくても、フィルムを没収されることもあり、せっかくの旅の思い出が台なしになる。

宗教的な建物や儀式なども要注意。撮っていいものかどうかわからないときは、周囲の人にたずねたほうがいい。

●遊覧飛行の前にしてはいけないこと

ハワイや北米のグランドキャニオンの遊覧飛行、ニュージーランドのマウントクックへの飛行など、海外旅行のオプショナルツアーには、軽飛行機で遊覧飛行するものが各地にある。

また、マウントクックのように飛行機でないと交通の不便な観光地もある。ただし、遊覧飛行をするときには、乗る前に食事をするのは避けたほうがいい。かなり揺れるので、満腹時だと酔いやすいからだ。

狭い機内で嘔吐《おうと》したら、周囲の人の迷惑は、船やバスなどの比ではない。とくに乗り物に弱い人は要注意だ。

●長距離バスは到着時刻をチェック

アメリカなど大都市の長距離バスのターミナルでは、強盗などの犯罪が多くて、荷物をもった旅行者はとくに危険。だからバスの出発時刻に気をつけるのは当然だが、うっかり忘れてしまいがちなのが到着時刻。いくら安全な時刻に出発しても、到着時間が深夜だったりすると、ホテルを探してウロウロするハメになり、とても危ない。とかく出発ばかりに気をとられ、到着時刻にまで気を配るのを忘れがちになるので、くれぐれも注意が必要だ。

ちなみに、長距離バスは昼間の利用ならよほどのことがないかぎり安全。料金が安いうえにとても便利なので、旅行の日程に余裕のある人はどんどん利用するといい。

センス・アップの達人ワザ

●アジアでは「バティック」で変身

中国や東南アジアにいったとき、ぜひ購入したいのがバティックとよばれる綿の布だ。1メートル×1・5メートルくらいの1枚の布なのだが、これ1枚あると、じつに重宝《ちょうほう》する。上にTシャツを着て腰に巻けばスカート代わりになるし、シャワーのあ

バスローブとして‥
ビーチマットとして‥
何かと便利なバティック
1m
1.5m
幾可学模様や植物模様
シーツ代わりにも‥
ジャワ島を中心に行われているろうけち染めの布。ジャワ更紗とも呼ばれている。

とで体に巻きつければバスローブ代わりにもなる。ビーチに敷いたり、シーツ代わりに利用したり、タオルケットの代わりにもなる。冷房などが効きすぎて寒いときにはショールのようにつかえば防寒対策にもなるといった具合に、たった1枚で何役もこなしてくれるすぐれものなのだ。

インドではルンギー、ミャンマーではロンジーとよばれていて、アフリカなどにもあり、街角でごく安い料金で手に入る。現地に着いたら真っ先に1枚買おう。

●パレオ一枚で快適南国生活

また、南の島のリゾートなどでは、同じような布でパレオがある。巻き方をマスターしておけば、水着の上に巻いたり、スカート代わりにもなる貴重なアイテムだ。

水着を替えなくても毎日ちがったファッションが楽しめるし、短パンよりも風通しがよい。パレオが1枚あるだけで、より快適な旅になるはずだ。

●旅先の美容院で髪を切ってみる

自由時間がたっぷりあったり、一か所にずっと滞在できるような旅行では、その土地ならではの文化やファッションに思いきり浸ってみるのもいい。ちょっと勇気がいるかもしれないが、美容院で髪をカットしてもらうというのはいかが？

国によって美容院もさまざまなら、流行している髪型もいろいろ。現地で買った雑誌のモデルで気に入ったのがあればそのとおりにしてもらったり、身ぶり手ぶりで要求を伝えたり、まったくむこうのセンスに任せたり……。

つかっている道具一つにしても日本とは

かなりちがったりしておもしろいし、サービス満点の日本の美容院とくらべてカルチャーショックを受けるかも。ガイドブックなどでは決してわからないテマの文化に触れるチャンスである。できあがりに満足するか、がっかりするかは運しだい。

●土地の人になりきるポイント

土地の人や街の素顔に触れてこそ、旅は何倍にも楽しくなるのはいうまでもない。そこで自由時間を利用して、ブラリと街にでかけてみよう。たとえば市場やスーパーにいく、市内バスや地下鉄に乗る、街のレストランに入るといったささいなことでもOK。土地の人と同じような服装で、同じようなスピードで歩き、同じような食事をする。バスや鉄道なら、別に行き先を決めなくても、一駅だけでも乗ってみれば、十分現地の雰囲気を楽しむことができるのだ。

朝市で新鮮で安い果物を購入して、近くの公園で食べてみる……なんていうのも楽しいひとときだ。

ただし、見知らぬ土地では危険がつきものなので、十分に身の回りの安全を固めることを忘れないようにしよう。

●ヒッチハイクが成功するコツ

海外でヒッチハイクするときは、親指を立てて幹線《かんせん》道路沿《ぞ》いに立つか、行き先を書いた紙を掲《かか》げて待つという方法があるが、ただボーッと立っていてもクルマはなかなか止まってくれない。コツは、なるべく町から遠く離れた場所で、目的地に向かう幹線道路に立つこと。クルマはすぐに止まれないので、遠くからでもわかるように見通しのきく場所を選ぶことも大切だ。

ヒッチハイクの基本の目印はコレだけど‥
親指をピ〜ン!
もっと目立つためのコツは…
日の丸を振る
見通しのきく場所を選ぶ
オーイ

日本人は安心と思っている外国人も多いので、日の丸を振るなどして日本人であることをアピールしたり、観光地の駐車場や、トラックがたくさん集まっている場所などで停車中のクルマに、直接頼み込むといったやり方も効果的。

ただ、ヒッチハイクはどの国でも可能だというものではない。治安のいい先進国ならいいが、治安の悪い国では危険な場合が多く、女性一人のヒッチハイクは、たとえ治安のいい国でも危険すぎる。国境近くや昼休み、日曜日なども比較的ヒッチハイクがむずかしいことを覚えておこう。

忘れてはならないのが、クルマが止まってくれたら「ありがとう」を最初にいうこと。目的地を告げる前に、止まってくれたことに心から感謝しよう。

ナマの観光情報を仕入れる㊙ワザ

●その土地で一番高い所に登る

現地に着いたら最初に、とにかくその土地でいちばん高いところに登ってみることをおすすめする。

ニューヨークならエンパイアステートビル、パリならエッフェル塔、ロンドンならテレコムタワー、ミラノならドゥオモの塔

知っ得情報

アメリカンスポーツを観戦する時の注意

大リーグで日本人選手が活躍するようになり、アメリカ旅行の楽しみが一つ増えたと喜んでいる人も少なくないだろう。大リーガーの活躍を目の当たりにするだけでなく、日本人を応援することもできるのだから、楽しさも倍増だ。

でも、国がちがえば野球場での決まりやマナーもちがうので注意が必要だ。たとえばアメリカの球場では、日本の応援で使われるラッパや太鼓、音のでる風船などは全面的に禁止。また、どんなに憤慨したとしても、グラウンドに物を投げ入れるなんてもってのほかだ。場合によっては逮捕されてしまうこともある。さらに、その中身にかかわらずビンや缶の持ち込みは禁止されているし、外野席ではビールの販売もなし。タバコも屋外スタンドであろうと禁煙なので、所定の場所を利用しよう。

また、秋から冬にかけて開催されるアメリカンフットボール（NFL）を観戦する場合は、とにかく寒いので、防寒対策を万全にしていくこと。とくにニューヨークのスタジアムの、しかも夕方から夜にかけての試合ともなれば、その寒さはハンパじゃない。モコモコになるぐらいしっかり着込み、毛布の1枚ももってでかけよう。

〈海外のチケット手配を行う国内の主なエージェンシー〉

- カーテンコール　☎03（3770）9496
- JALワールドプレイガイド　☎03（3573）6715
- ワールドチケットぴあ　☎東京03（5237）9300
  ☎大阪06（6362）9300

……といった都市だけではない。ハワイならダイヤモンドヘッドの丘などがいい。

あまりに月並みだけれど、じつはこうした高い場所から街並み全体を眺めて、駅やホテル、道路などの位置関係を把握しておくと、観光に便利なだけでなく、より現地が理解しやすくなるのである。

博物館や美術館の建物も、全体像をみておくと印象も変わる。ついでに観光バスで市内巡りをしてから、一つ一つの場所を訪ねるようにすれば完璧だ。

●ポストカードの中から選ぶ

旅行前にゆっくりガイドブックをみる暇《ひま》もなく、自由な時間ができたのに、あいまいな知識しかない土地での観光スポット選びは、お土産屋さんから始めよう。

店での目的はポストカードである。絵ハガキになるくらいだから、風光明媚《ふうこうめいび》、歴史的由緒《ゆいしょ》のある場所など、その土地の目玉であることを、現地の人が証明しているわけで、その場所を訪れれば、ひととおりの観光になるはずだ。

どこにあるかわからなくても、ハガキをみせて尋《たず》ねれば、だれでも教えてくれるというメリットもあるのだ。

●フリーペーパーで最新情報を入手

日本人観光客がたくさん集まるハワイ、パリ、ローマをはじめ、各地に日本語で書かれた無料の現地情報紙がある。

たとえばハワイの場合、ホノルル空港の出口ロビー、主要なホテルのロビーなど、目につきやすいところにあるのでゲットしておきたい。現地の道路情報やショッピング情報、さらにはレストランやショップで

知っ得情報

ウィーンでオペラが観たい！

音楽ファンなら一度は生で本場のオペラを観てみたいと思うもの。といっても現地に着いてからその日空いている席を予約して……というのはなかなか大変だ。市内のチケット業者あるいはホテルを通じて手に入ることもあるが、とくに人気の演目の場合は困難で、あっても相当値段が高くなることは間違いない。

そこで、あらかじめ日本で予約しておく方法がある。海外予約は現地販売よりも早めに受け付けているので、その点からも有利だ。

劇場に直接FAXや郵送で申し込むという手もあるが、もっと手軽にするならオペラ鑑賞ツアーなどに参加するか、航空会社や音楽専門誌のチケット予約サービスを利用してもいい。

旅慣れた人で、本気で鑑賞したい人には、雰囲気も芸も十分に伝わる立ち見席という手がある。

チケットはたいてい当日売りでリーズナブルな設定、服装もかなり自由でいいから本場のオペラの神髄に触れることは可能だ。

ちなみに立ち見席料金はウィーンで200円くらいから！ミュンヘンなら1000円前後だ。場所がとれたら、ハンカチを結んで確保しておくこと。

ただし、そんな席にいる観客はオペラ通がほとんどだから、冷やかし半分でいると追いだされるかも。本気で鑑賞したい人にだけおすすめの席である。

の割引クーポンまでついていたりする。

月刊あるいは月2回発行のフリーペーパーが多く、現地でおこなわれるイベントや人気急上昇のお店など、どれも情報の新しさが売り物。巻末の地図や路線図なども重宝する。

●現地旅行会社のツアーはお得

パックツアーで自由行動の日には、現地旅行会社の現地催行ツアーを利用するという手もある。この場合、たいていはふつうのオプショナルツアーよりも料金は安い。

ただし、ガイドが英語だけだったり、ホテルから集合場所までは自力でいかなくてはならないなど、ツアーによって内容がいろいろなので、パンフレットなどをよくみて検討したほうがいい。もちろん日本人観光客の多いところでは、日本語でガイドがつくツアーもあるはず。ホテルのトラベルデスクや街歩きの途中で旅行会社をみつけて申し込むとよい。

●現地催行ツアーで英語を学ぶ

英語でしかガイドしてくれないからといって、現地催行ツアーにみむきもしないのではちょっともったいない。じつは英語のヒアリングのいい練習にもなるのだ。というのも、英語圏でない国ではツアーのガイドも一生懸命勉強して英語をしゃべっているのだから、「なんとかして伝えよう」という気持ちで接してくれるし、ネイティブ（その土地で生まれた人）が早口でしゃべるのよりは、よほど聞き取りやすい。おまけにツアー客同士だってさまざまな国からきているわけで、やはり英語でのやりとりが多くなる。おたがいにカタコトだから恥ずかし

知っ得情報

ロンドンのパブでお酒が飲みたい！

自家製のビールやエールが味わえるのが魅力のパブは、イギリスでもしだいに数が減りつつあるようだ。大きく分けてロンドンなどの都心のパブと、郊外にあって、車でなければいけないようなパブとがあるが、一般に「いいパブ」といわれるものには、ある程度の基準がある。まず「ビクトリアン・パブ」といわれるもので、ビクトリア朝時代、あるいはそれ以前に建てられた由緒ある店。なかはそれほど広くはないものの、テーブルは樫《かし》の木でつくられていて暖炉がある。それから王室にまつわる看板が掲げられていること。看板に描かれているのは王家の紋章だったり、国王ジョージ3世や聖ジョージの肖像、ロイヤルオークなどである。

提供されるビール会社の銘柄が看板に描かれていることもあるので、自分の好みの銘柄の店を選ぶのもいい。自家製のエールをつくっているパブをとくに「Brew Pub」と呼ぶこともある。

いこともなく、積極的に会話の練習ができるのである。

さらに、ガイドが英語のあとにフランス語やドイツ語などでも同じ説明をしてくれることがある。同じ文章を数か国語で聞くことによって、よりヒアリングの能力がつくというわけである。

●バックパッカーのための情報入手法

たいていの都市には安宿や安くておいしい大衆食堂、格安チケットを販売している旅行会社などが密集している場所があり、そこはバックパッカー（リュックひとつで気ままに旅する旅行者）の溜《た》まり場となっている。バンコクのカオサンロードの安宿街をはじめ、シンガポールのベンクーレン通り、バリ島のクタビーチなどがそれで、こういう場所にいけば、世界中のバックパッカーが大勢集まっている。できるだけ安く費用をおさえて、何か国かを周遊する旅では、こうした場所でつぎに訪れる予定の国について情報を入手しておけば、経費をおさえた効率のいい旅をつづけることができる。

同じような旅をしている仲間から聞けば新鮮で貴重な情報が得られる。

●安宿や日本大使館の情報が面白い

アジアやアフリカなど、日本ではその国についての詳しい情報を仕入れることがむずかしい国を旅するときは、安宿や日本大使館などに置いてある情報ノートを利用しよう。情報ノートはバックパッカーのメディアともいえる存在で、彼らが実際に旅した経験にもとづいてさまざまなものを書き記したノートだ。いわゆる自由帳的存在で、山奥の交通や国境越え、ビザなどについて

知っ得情報

サファリツアーにいく時の服は?

サファリとは、もともとスワヒリ語で「旅」という意味。それが冒険とか探求という意味になり、狩猟が全面禁止になってからは野生動物をみたり写真を撮ったりする旅をいうようになった。

これでわかるように、サファリツアーは普通の観光旅行と一緒に考えてはいけない。着飾っていったりしないのが当たり前。

ほとんどサファリカーで走り回るツアーのため、ホコリをかぶってもいいようなラフな服装がいちばん。赤など派手な色は動物を刺激するので避けよう。カーキ色など大地にとけ込む色の服を選ぼう。

デザインも、日中は綿や麻のシャツでよいが、朝晩は冷えるので、セーターやジャンパーなど防寒着も忘れずにもっていくこと。

の情報をはじめ、ヒッチハイクのポイントやおいしい店まずい店など、あらゆる情報がギッシリ。なかには密入国の手段なんていう危ない情報まで載っていたりする。

たとえば、エジプトのカイロにある日本人旅行者の溜《た》まり場的ホテルには、かなり充実したアフリカ旅行に関する情報ノートがあって、これ一冊でかなりの情報通になれる。バンコクならインドシナ情報が手に入るし、チベットならインドやネパール情報が中心といった具合だ。

美術館で失敗しない基本ワザ

●曜日や時間帯は絶対にチェック

せっかく歴史遺跡がふんだんにある国にいったのに、博物館も遺跡も、すべて観光施設が休みだった……なんてことになったら目もあてられない。逆に、曜日によっては入場無料といううれしいサービスをしてくれている国や場所もある。個人旅行の場合の美術館や博物館見学は、どこへいくのか狙いを定めたら、いつ休館か、いつ安くなるのかといったことを事前にしっかり調べておこう。

たとえば、パリのルーブルやオルセー美術館は日曜は割引だし、夜遅くまで開館している曜日もあるので、夕食後にいけばガラガラで展示を独り占めなんてこともある。イタリアのローマでは、半分ぐらいの美術館や博物館が午後2時には閉まってしまうので、こうしたところから先にいって、夕方まで空いている場所にはあとでいくといった工夫も必要だ。団体客が多い時間にいくと何時間も並ぶハメになったりするので、どの時間が空いているかをチェックすることも忘れずに。

また、日本からのツアーにくっついて回ると、ガイドさんの説明をタダで聴けるのでとってもお得。ガイドブックに載っていないこぼれ話なども聴けて、なかなかおもしろい。ただし、ガイドさんに睨《にら》まれたら、すぐさま退散しよう。

●見たいものは事前に決めておく

有名な絵画や彫刻の本物を鑑賞できる美術館や博物館は、あまりに広いので、どれからみようかとウロウロしているあいだに集合時間がきてしまい、けっきょく肝心なものがみられなかった、なんてことにならないように、初めから「これだけはみたい」というものを決めておこう。

たとえばルーブル美術館なら「モナリザ」や「ミロのビーナス」あたりだろうか。まず入り口近くでどこに展示してあるかをチェックし、それをみてから、時間に余裕があればほかの展示品もじっくりと鑑賞すると後悔しなくて済む。日本語のガイドテープを貸してくれるところもあるので、事前にガイドブックなどで調べておこう。

●見たい作品がある部屋から回る

大きな美術館は、部屋の配置が複雑で、みたい作品がどこに展示されているかわからないことがある。

だから、有名で規模の大きい美術館にいくときは、みたい作品を決めておくだけでなく、その作品が展示されている部屋の位置までを調べておいたほうがいい。ガイドブックで調べてもよいが、展示物の配置は変わることもあるので、インターネットなどで最新の配置を調べたほうが確実。

10

◉旅の醍醐味はここにあり！

レストラン 安い、うまいの満腹ワザ

美味しいレストラン探しのツボ

●コンシェルジェなら失敗なし

せっかく海外に来たというのに、いく場所いく場所日本人だらけ。これでは海外旅行の醍醐味《だいごみ》もすっかり半減してしまう。そこで穴場スポットを探そうと、ガイドブックなどとにらめっこしてみても、ほかの日本人も同じことを考えているのだから、けっきょくは同じこと。マスメディアをつかった情報入手では、一歩上をいく体験をすることはむずかしいのである。

そこでおすすめなのが、ホテルのコンシェルジェ（顧客相談係）に、

「現地の人に人気のショップやビーチ、レストランなどを教えてください」

と聞くこと。コンシェルジェはいってみればホテルの情報マン。顧客サービスにつ

いての情報なら驚くほど詳しい。観光客の知らない穴場スポットを確実に押さえているはずである。とくに、ちょっと豪華な旅では心強い助っ人になる。

●ホテルの従業員に穴場を聞く

格安旅行で安くておいしい食事をしようと思ったら、地元の人から情報を得るのがいちばん。

ホテルの従業員や地元の人にどんどん聞いてみよう。

言葉に不安があるのなら、街にでかけていって、地元の人が集まって食事をしている場所を選べばいい。きらびやかな看板や観光客むけの英語の看板がでておらず、店がまえがけっして立派でなくても、地元の人が自然に集まってくる店なら間違いはないはずである。

●電話帳を開いてみる

日本のNTTが、ハローページと称して職業別電話帳の利用を普及させようと懸命だが、外国ではだれもがつかう必需品。とくにアメリカの職業別電話帳・イエローページは広告の宝庫で、リストに交じって多くのスペースが割《さ》かれている。

これを利用しない手はない。ホテルの部屋に、この電話帳を備えつけているところだってあるのだ。

とくに、さて今夜は何を食べよう……などと迷っているとき、レストランの項を開けば、フレンチ、イタリアン、中華、スパニッシュからジャパニーズまで、よりどりみどりだ。

ただし、店の広告がでているからといって味が保証されるわけではないので、念のため。

●市場の周辺は安くてうまい

旅にでる大きな楽しみは、食べること。その土地の人の日常の食事を味わうことは、その国をより深く知ることにつながる。

そこで、うまい食べ物屋のみつけ方だが、市場の周辺にあるレストランを探してみよう。卸売市場や生鮮食品市場の近くなら、新鮮な食材たっぷりの料理に出会えるはずだからだ。

たとえば、パリのレ・アールはかつて中央市場のあったところだが、いまもレストランがたくさんある界隈《かいわい》として知られている。

市場のそばにレストランがなくても、なかには構内にスナックがある。東京・築地の場内食堂がにぎわうようなケースだってある。贅沢《ぜいたく》でなくても、きっとおいしいものにめぐりあえるだろう。

●迷ったら、とりあえず中華

海外では現地の料理を味わうのがいちばんだが、毎日同じようなものばかりで飽きてしまったり、どこでなにを食べようかと迷ってしまった場合には、中国料理店がおすすめ。

あまり味に当たりはずれがなく、日本で食べるのとそう変わりはないし、小さな町にも一軒くらいはあるはず。多人数で意見が分かれてしまったときにも、とりあえず中華にしておけば失敗も少ない。もちろん、中国や香港なら話は別。

●屋台を選ぶ時のポイント

割り箸《ばし》と紙皿をつかうことが決められているシンガポールなどの場合は、同じ屋台といっても安心して食べられるが、たいていの国では衛生上あまりおすすめできない。

それでもあの庶民的な雰囲気は魅力的だし、なによりも匂いの誘惑に負けてしまうという人は、せめてすこしでも安心できる店を選ぼう。

まず水道が近くにあって、食材や食器類にハエがたかっていたりせずきちんと管理されているか、そして客の回転が速く繁盛《はんじょう》している店であるかが大きなポイント。

そういう店であっても、食器には直接口をつけないように気をつけよう。イスラムの国々に多い串焼きの露店では、火傷《やけど》と感染症予防のためにも、串に口がつかないように食べること。

●一人旅では行きつけの店をつくる

海外の一人旅で悩みのタネとなるのが食事。よほど旅慣れた人なら、バーに一人で入って、現地の情報を聞きこんだりもでき

るようだが、たいていの人はなかなかそうはいかない。一人で入りやすそうな店を探して歩きまわって、けっきょくファストフードになってしまったりする。

そんな心細い一人旅の食事も、一か所に何日も滞在するような場合なら、いきつけの店をつくると安心だ。地元の人がよく訪れるような、その国ならではの料理をだす大衆食堂、世界のどこにでもある中華料理屋など、一つの店にしぼって通いつめ、店員や常連客と顔見知りになると、食事のたびに悩まなくて済む。

知っておきたいマナーのツボ

●一流店では服装の基準を守る

ドレスコードとは、その店にくる客の服装の基準。せっかくリッチなホテルのレストランや一流レストランを予約して、意気揚々《ようよう》とでかけても、ドレスコードが合わないために入店を断られてしまうなんてこともあるし、店内に入っても居心地が悪くて食事もろくに楽しめないという結果にもなりかねない。

入り口で拒否される服装の代表格はジーンズ、短パン、Ｔシャツやスニーカー、サンダル履《ば》きなど。いくらビーチリゾートのレストランであっても、一流店だとこんなスタイルでは断られてしまうことだってある。

失敗をしたくなければ、レストランを予約するときに、どういう服装ならＯＫかをきちんと質問しておくこと。その場に合った服装やマナーをわきまえてこそ、おいしい食事や雰囲気をたっぷり堪能《たんのう》することができるのである。

●メニューをみてもわからない時は

観光客相手のレストランでは日本語や英語で説明されたメニューを用意しているところもあるが、現地の庶民的な店ではそういったサービスがないところがほとんど。もしもメニューをみてもなにがなんだかわからない場合は、まわりの人が食べているものをさりげなく指して同じものを注文するというのも一つの方法だ。

店に入ってから席に案内されるまでに、ほかの人のテーブルを注意深くみておくといい。ただし、露骨《ろこつ》に指さしたり、そばまで寄ってのぞき込んだりするのはやはりマナー違反なので注意しよう。

注文するときには、値段も確認しておくこと。とくにコース料理などの場合は、日本人では食べ切れないボリュームになることもあるので、だいたいの量を聞いたり、

●レストランで注文するには

〈メニューを見せて下さい〉

英　語	Could《クッド》 I《アイ》 have《ハブ》 a《ア》 menu,《メニュー》 please?《プリーズ》
ドイツ語	Eine《アイネ》 Speisekarte,《シユパイゼカルテ》 bitte!《ビッテ》
フランス語	Pourrais-je《ヴウレージユ》 voir《ヴオワール》 la《ラ》 carte?《カルトウ》
イタリア語	Il《イル》 menu,《メヌ》 perfavore《ペルフアヴオーレ》
スペイン語	La《ラ》 carta,《カルタ》 por《ポル》 favor《フアヴオール》

〈注文をお願いします〉

英　語	Could《クッド》 you《ユー》 take《テイク》 our《アワ》 order,《オーダー》 please?《プリーズ》
ドイツ語	Ich《イツヒ》 möchte《メヒテイ》 jetzt《エツツト》 bestellen《ベシユテレン》
フランス語	On《オン》 peut《プ》 manger《マンジエ》 maintenant?《マントウナン》
イタリア語	Posso《ポツソ》 ordinare?《オルデイナーレ》
スペイン語	El《エル》 pedido,《ペデイード》 por《ポル》 favor《フアヴオール》

量を少なめにできるか相談してみよう。

●抜群の中華料理を頼む法

香港やシンガポール、台北など、おいしい中華が食べられるだろうとおおいに期待してでかけたのに、じっさいに味わってみると思ったほどではなかった、という感想を述べる人が少なくない。

その理由はなにか。

じつは中華料理でメニューに載っているのは、その店でできる料理のほんの一部にすぎない。メニューを置いてあるのは観光客むけにすぎず、店側に観光客だなと思われると、その料理の内容はかなり落ちてしまうのである。

では「これは観光客だ」と甘くみられないためにはどうするかというと、まず店に入ったら「今日のスープはなに？」と尋《たず》ね

その日の食材を聞いてみる
今日のスープは？
？
二人世界
2人分のお任せコースを頼むよ！
！
E

る。これで店側は「おっ、食通かもしれない」とまず一目置いてくれる。つぎにメニューはいっさいみず、その日の素材を聞き、ウエーターが「海老のおいしいものが入っている」といえば、「炒める」「蒸す」といった調理法を指定する。中華料理とは、このように本来、店側と客が相談してメニューを決めていく料理なのだ。

そこまでいう自信がないというなら、紙に「二人世界」と書き、予算も一緒に書いてウエーターに渡そう。これはその範囲内で二人分のお任せコースを頼むということ。これでもメニューに載っている料理よりは数段おいしいものをだしてくれるはずだ。

●食べきれない時は持ち帰る

アメリカに旅して軽食のとれる店でハンバーガーを頼んでみると、これがアメリカ人のパワーの源だとわかる。それくらいビッグサイズで、フライドポテトが山盛りに添えられていたりする。日本人なら2人前はゆうにある分量だ。

これに似て、とかく諸外国の食事は大盛りが多い。食べ残す人も多いだろうが、こんなときは遠慮せずに持ち帰りたいと告げよう。犬のためのお土産という意味の「ドギーバッグ」といって、アメリカでは一般的なことなのだ。

アメリカ以外でも、中華料理店ならたいてい持ち帰り可能。ホテルでの夜食用に、ぶら下げて帰るといい。

●飲酒OKかどうかを要チェック

海外旅行で起こりがちなのが酒のトラブル。酔っぱらいの醜態《しゅうたい》をさらすのを避けるのはもちろん、回教国のように飲酒を禁じている国もあるので、飲むときには、飲んでもよい場所かどうか、周囲の人に聞くなどして確かめることが必要だ。

また、韓国などの儒教の国では、女性の飲酒は好ましくないとされている。とくに女性の場合、スキがあるとみられてしまう危険があるので、酒やタバコはほどほどに。

落ち着いて飲みたければレストランなどではアルコールを控え、カギのかかったホテルの部屋でゆっくり飲むほうが安全だろう。

●夜は行き帰りのタクシーを予約

ディスコやバーなど、海外旅行先でナイトライフを楽しむ場合は、かならず帰りの足を確保しておく。ニューヨークではこうした場所自体が危険な地域である場合が多いし、ロンドンなど比較的治安がいいといわれている都市でも、深夜過ぎからの移動はあまり安全とはいえない。行き帰りにはタクシーなどを予約しておくのが常識だし、できれば現地の知り合いなどと連れ立っていくほうが無難だ。

また、ディスコやバーのなかでも油断してはいけない。すべての店が危険というわけではないが、店内は照明を落としているので、置き引きやスリなどが多発する場所となっている。余計な荷物はできるだけもっていかないようにしたい。

●レストランには必ず予約を

毎回、安食堂で済ませるバックパッカーならいざ知らず、ときには、それなりのレストランで食事をしたいという場合もあるだろう。

中級以上のレストランに今夜はいこうと

思ったら、ぜひ前もって予約を入れたいものだ。とくに、地元で評判の店ともなると、予約なしでは断られるケースが多い。

ふつうは電話予約が手っとり早いが、語学面で自信のないときは、ホテルのコンシエルジェにたのんで、予約を入れてもらうといい。

●ショー付きのディナーは考えもの

オプショナルツアーでよくあるのが、ショー付きのディナー。民俗舞踊などをみながら、夕食を楽しむというものだ。美味しいディナーを味わえてショーまでついているのだから一石二鳥とついつい参加してしまいがちだが、じつはこのディナーは、案外いただけない。

団体客用にセットされていることが多いため、よほど高級店でもないかぎり、料理が冷めてしまっていたり、食器が汚れていたり……。

旅のツウなら、ディナーショーはディナーショーで楽しむ。とくにショーをみたかったら、ドリンクのみ注文できるところを選ぶこと。ふつう、1ドリンクついて、せいぜい1000円程度。これがディナー付きとなると、5000円くらいするので、ディナーは別のところですませたほうが、はるかに得でもある。

11

◉ブランド品からお土産物まで

ショッピング 大満足の耳よりワザ

ブランドをもっと安く買うコツ

●本店がある国で買うのが一番

海外旅行の楽しみの一つとして、「ブランド品を買いたい」という女性も多いが、海外ならどこでも日本より安く買えるというものではない。このポイントをカンちがいしている人が意外と多いのだ。

世界各国に直営店を展開しているメーカーも多いが、ブランドや買った国によっては、日本で買うのと同じか、日本より高くなる場合さえあるので注意したい。

ブランド品を直営店で買うなら、たとえばルイ・ヴィトンならフランス、グッチやプラダならイタリアというふうに、そのブランドの本国で買うのが、いちばん安く買えるし品数も揃っている。ぜひ覚えておこう。

●人気商品が手に入る穴場とは

一流ブランドの直営店は、日本人が集中してとても混雑しているし、時期によっては品薄で、欲しい品物が手に入らないなんてことも少なくない。こういうときは、中心地からやや離れた支店にいってみよう。目当ての品物が残っている可能性がある。

もっと狙い目なのがデパート。さまざまなブランドが集中していて、アクセサリーから洋服まで、なんでも豊富に揃っているので、じつに効率よく買い物することができる。とくに、その土地でナンバーワンの大型デパートではなく、2番手のデパートが狙い目。すいているから落ち着いて選べるし、直営店では売り切れの人気商品や最新アイテムがけっこうみつかったりする穴

●服と靴のサイズ一覧表

●男性用シャツ

日本	36	37	38	39	40	41	42
アメリカ	14	14½	15	15½	16	16½	17
イギリス	14	14½	15	15½	16	16½	17
フランス	36	37	38	39	40	41	42
イタリア	36	37	38	39	40	41	42

●男性用靴

日本	24.5	25	25.5	26	26.5	27	27.5
アメリカ	6½	7	7½	8	8½	9	9½
イギリス	6	6½	7	7½	8	8½	9
フランス	39	40	41	42	43	44	45
イタリア	39	40	41	42	43	44	45

●女性洋服・コート

日本	7	9	11	13	15
アメリカ	4	6	8	10	12
イギリス	6	8	10	12	14
フランス	36	38	40	42	44
イタリア	38	40	42	44	46

●女性用下着（ブラジャー）

日本	65	70	75	80	85
アメリカ	30	32	34	36	38
イギリス	30	32	34	36	38
フランス	80	85	90	95	100
イタリア	0	1	2	3	4

●女性用靴

日本	22.5	23	23.5	24	24.5	25
アメリカ	5	5½	6	6½	7	7½
イギリス	3½	4	4½	5	5½	6
フランス	35	35.5	36	36.5	37	37.5
イタリア	35	36	37	38	39	40

※サイズはメーカーによって異なることがあるので、買う前に必ず試着をしよう。

場スポットだ。

●各国のバーゲン期間を把握

海外旅行にいったらまずショッピングをという買い物旅行派なら、その国ではどの時期がバーゲン期間なのかをしっかり把握してからでかけよう。たとえばヨーロッパの場合、1月と7月の年2回がバーゲン時期。この期間はほとんどのショップやデパートが軒並み20〜50％オフ。2月のパリはさらに安い。

アメリカは12月上旬から1月にかけてが大規模バーゲンの時期。ニューヨークなら6月中旬から7月末までと、祝祭日前後にも随時バーゲンがおこなわれている。香港は1月中旬から2月中旬にかけて旧正月バーゲン、7〜8月にも夏のバーゲンが開催される。

とくに安いのはバーゲン終了間際で、70〜80％もオフになることもあるが、品数が少なめになってしまうのが難点。バーゲン開始直後なら、品数も豊富なので、欲しかった商品を手頃な価格で手に入れることができるだろう。

いつ、どの国、どの都市でバーゲンを開催しているかを、しっかり確認してから旅行計画を立てるようにしよう。

●アメリカは州税が違うので注意

アメリカで買い物をすると、日本の消費税にあたる州税がかかる。その税率は州によってまちまちで、たとえばニューヨークやロサンゼルスは8％だが、グアムやサイパンはタダといった具合だ。つまり、同じ物を買うならグアムやサイパンのほうが断然おトクだし、ハワイの場合も4％とさほど高くない。目当ての商品をみつけたからといって、すぐに飛びつかず、州税がこの都市ではいくらかかるのかをしっかりチェックしてから購入するようにしよう。

ちなみに、ニュージャージー州は衣料品に関してのみ州税がタダ。ニューヨークからクルマで1時間程度の距離なので、足代をつかったとしてもニューヨークで買うよりおトクになることもある。

●化粧品は成田の免税店が安い

海外旅行でブランド品や化粧品を安く買うことを楽しみにしている人は少なくないが、なにも現地までいかなくても、お得な買い物はたっぷりできる。場所は成田空港の免税店（デューティーフリーショップ＝ＤＦＳ）。出発前に店内をウロウロしてみると、あるわあるわ、海外のＤＦＳで買うよりもよほど安い商品が、じつはお膝元《ひざもと》である成田にゴロゴロしているのである。

なかでもおすすめが化粧品で、アジアの免税店のなかでは成田がだんぜん安い。ニセモノをつかませられる心配はまったくないし、化粧品ならさほど荷物にもならないので、出発前に購入するのも一法。

ここで注意しなければならないのが、成田の到着フロアには免税店がないこと。帰国したときに買えばいい……なんて思っていると、とんだ悔しい思いをすることになるのでご用心を。

●円安なら、日本が断然トク

免税店には、お酒やタバコなどの定番だけでなく、スカーフや時計、バッグなどさまざまなブランド商品がそろっている。日本の免税店では海外とちがって日本語で気

知っ得情報

免税枠はフルに活用しちゃえ

免税といえば、酒類、タバコについてはすぐに思い浮かぶ。しかし、それ以外については、あまり知られていないのでぜひ覚えておきたい。

酒、タバコ、香水以外のものは、通常は海外市価の合計額が20万円までが免税限度額だが、

「同一品目の合計が1万円以下のものは、20万円の免税に算入しなくてもいい」

という項の解釈がポイント。

つまり、1本5000円のネクタイを2本購入した場合、この20万円に計算しなくてもいいということになる。

これをフルに活用するコツは、同じ品目のものをたくさん買わず、品目を増やすことだ。ちなみに、税関では家族単位で審査されるので、夫婦二人なら免税枠は二人分に広がり、家族内で調整すれば、免税ショッピングが大きくなるのだ。

あちこちにお土産が必要になる新婚旅行カップルに、おすすめのテクである。

軽に聞けるうえ、日本人好みの商品が多いし、またアフターサービスもしっかりしている。円安のときにはとくにお買い得だ。

免税店は空港内に何軒も入っているが、欲しい商品が店になかったりすることも。そんなときあわてないように、事前に電話やホームページで、希望の商品がどの店に置いてあるのかチェックしておきたい。

●お土産は宅配サービスが便利

せっかくの貴重な時間をお土産探しでつぶしてしまいたくないというなら、「帰着後宅配サービス」を利用しよう。これは、海外旅行にでかける前に旅行代理店などに置いてあるカタログをみて、購入したい品を選び、帰国したその日に注文品が手元に届くというシステム。価格は現地よりもいくらか割高だが、何よりも旅先でお土産選びをするわずらわしさがないし、カタログにある商品はすべて税関を通過済みなので、アルコール類は3本までなどといった免税枠の制限もない。もしお土産が足りないと思ったら、帰国後に追加注文することも可能なのだ。

しかも、実際の旅行先とはちがう国のお土産品を注文することも可能だし、海外旅行にでかけなくても世界中の品を購入できるのも魅力の一つ。

●機内販売を見逃すな

海外で購入するよりも「安い」と評判の機内販売。路線によって商品内容はちがっているが、お目当てのものがあるなら、利用しないのはあまりにもったいない。

ただし、人気の商品は販売開始後すぐに売り切れてしまうこともあるので、とにかく先手必勝。早めに機内誌でチェックしておき、機内販売が始まったらすぐに購入しよう。帰りの便でなどと考えていると、とんだお宝を逃してしまうこともあるので、欲しいものは行きの便でゲット。機内販売の品は自国を出発するときに積み込むため、日本の航空会社だったりすると、帰りの便ではすでに売り切れなんて場合が少なくないからである。

支払いはカードでもできるので、現金の持ち合わせがなくても心配は無用。

もっと得する支払いのコツ

●インフレの国ではクレジットカード

海外旅行先での買い物の支払い方法は、現金、トラベラーズ・チェック、クレジットカードとさまざまだが、その支払い方法によって、同じ金額でも得する場合がある。

為替の変動が激しいときや高額品は、クレジットカードで買うことをおすすめする。中値レートを基準に手数料も1・6％前後と低いからだ。

さらに、インフレの激しい国でも、クレジットカードを利用すると、日本に請求がくる1～2か月後にはインフレが進行していて、結果的には得していたりする。ただし、そのあいだに円安がすすむ場合もあるので注意したい。

●ショッピングクーポンを利用する

海外旅行買い物派の人におすすめなのが、利用しているカード会社のショッピングクーポン利用である。カード会社の発行している刊行物についてくるので、ぜひチェックしておこう。提携している店の商品がたいてい5～10％は安くなる制度だ。割引してもらえなくても、来店客に粗品進呈などなんらかのサービスが受けられ、プラスアルファの楽しみが得られるというものだ。

●「付加価値税還付制度」を使う

ヨーロッパでは、特約店で一定金額以上の買い物をすると税金が免除されてお金が戻ってくる、という制度がある。返金の仕方は、その場でキャッシュバック、お店で小切手をもらって空港で払い戻す、後日クレジットカードを通じて振り込みで還付される、などいろいろあるが、高額な買い物をしたときには免税になるかどうか、一度店員に聞いてみるといい。

その場でキャッシュバックや小切手をもらえない場合は、免税申請の書類を書いてもらおう。そして出国時に空港の税関にいき、買った品物をみせて書類にスタンプを押してもらい、空港の決められたポストに投函《とうかん》すればいい。

ヨーロッパのなかでも免税にならない国があったり、金額が異なっていたり、免税になる店とならない店があったりと少々面倒なところもあるが、旅行者ならではの制度なのでぜひ利用したい。

さらに安く買う値切りのコツ

●まずは免税店で相場をチェック

アジアなどに旅行した場合、買い物をするときには値段の交渉をおこなうのが当たり前といった国が少なくない。相手の言い値でそのまま買ったりすると、高い買い物をするハメになる。

そこで、値段交渉の必要な国で買い物を

するときは、その前にまず免税店へいって、どの商品がどれぐらいの価格なのかといった相場をチェックしておこう。免税店の土産品コーナーの価格は、決して安くはないがバカ高くもないので、値段交渉をする際の目安となるからである。

●言い値の3分の1から交渉開始

中近東やアジア、南米といった値段の交渉が当たり前の国で買い物をするときに値切るコツは、まず先方の言い値の半分から3分の1ぐらいから交渉を始めることである。そこでまず相手の反応をみて、すこしずつ希望価格を上げていくこと。

このとき、いくら欲しくても、絶対に欲しそうな顔をしないことが肝心。あくまでも気のなさそうな様子で応対し、折り合わないなと思ったら店をでる。相手はかならずといっていいほど追いかけてくるので、そこからまた交渉を開始する。

地元の人が利用する庶民的な市場や露店の場合なら、交渉は相手の言い値の1割から始めてOK。現地語も交えて交渉し、欲しかったら30分でも1時間でも粘りつづけよう。相手もさるもの、半値で買えれば上出来かも。

●ポーカーフェイスで値切る

市場や露店での買い物では値切るのが当たり前と前項でいったが、このとき「何がなんでも半額にする！」などと意気込んでいては相手も興ざめ。やりとりを楽しむくらいの余裕をもっていたほうが成功する。欲しいと思っていてもポーカーフェイスに徹するのが大切。ときには「それなら買わない」などとあっさり引いてみると、案外

●8カ国簡単値切り用語

〈これはいくら？〉

英　　語　How much is this?（ハウ マッチ イズ ディス）
フランス語　C'est combien?（セ コンビエン）
ドイツ語　Was kostet das?（バス コステット ダス）
イタリア語　Quanto costa questo?（クァント コスタ クェスト）
スペイン語　Cuanto cuesta este?（クァント クェスタ エステ）
韓国語　イ ゴン オル マ イム ニ カ？
中国語　ヂェ ドオ シャオ チェン？
タイ語　アンニー タワライ？

〈えー？ それは高すぎますよ〉

英　　語　Oh! It's too expensive.（オー、イッツ トゥー イクスペンシヴ）
フランス語　C'est trop cher.（セ トゥロ シェール）
ドイツ語　Oh, das ist zu teuer.（オー、ダス イスト ツー トイヤー）
イタリア語　E troppo caro.（エ トロッポ カーロ）
スペイン語　Es demasiado caro.（エ デマスィアード カーロ）
韓国語　ネッ ノーム ピッサム ニ ダ
中国語　ワー タイ グェ イ ラ
タイ語　メー ペーンパイ ナ

〈ちょっとまけてください〉

英　　語　Could you give me a discount?（クッド ユー ギヴ ミー ア ディスカウント）
フランス語　Vous ne pouvez baisser un peu le prix?（ヴ ヌ プヴェ ベセ アン プー ル プリ）
ドイツ語　Geht's nicht etwas billiger?（ゲーツ ニヒト エトヴァス ビリガー）
イタリア語　Potrebbe farmi un po'di sconto?（ポトレッベ ファルミ ウン ポ ディ スコント）
スペイン語　Hagame una rebaja, por favor.（アガメ ウナ レバッハ ポル ファボール）
韓国語　チョム ッカッカ ジュ シ ゲッスム ニ カ
中国語　ナン ビェン イー イ ディエンマ
タイ語　ロット ハイ ノイシ

すんなりまけてくれることも。

といっても相手はこの道のプロ。こちらの目を見て「本当に買う気かどうか」を読んでしまう。そこで、初心者はサングラスをかけて交渉するといいとか。

●まとめて買って値切る

お土産品など、同じ物をたくさん買ったときには値引きしてくれることもあるし、オマケをつけてくれることもある。化粧品や小物などのお土産品は、選ぶものがみんなだいたい似かよっている。そこで、友達同士や同じパックツアーで知り合った人を誘ったりして、みんなでまとめて買ってすこしでも安くしてもらおう。

また一人で購入するときも、一軒の店でまとめて買うようにすると購入金額が高くなるので、値引きしてもらえたりオマケがもらえることもある。

後悔しないための賢いコツ

●欲しいものをリストアップ

免税店やブランドショップなど、海外でのショッピングはつい目移りしがち。あれこれ迷っているうちに、いらないものまで買ってしまったり、逆に肝心なものは忘れたりと後悔することも多い。そこで、ショッピングの前には、どんな店のなにが欲しいのか自分でリストアップしておくと、ムダに時間をつかわなくて済む。

お土産も、あらかじめ誰にどんな物を買うかを決めて品物ごとにリストをつくっておけば、うっかり買い忘れてしまったり、帰りの空港であわてて間に合わせの品を買ったりすることもなくなる。

●ブランド店で親切にされる法

ヨーロッパでは高級ブランド品は本当のお金持ちの人が買うもの。だからショップのスタッフにはプライドがあって、客を選ぶ。今日はブランド品を買うと決めたら、身ぎれいな服装ででかけよう。間違ってもジーンズにTシャツ、サンダル履きなんて格好でいかないこと。店員にまったく相手にされず、イヤな気分を味わうハメになってしまいかねない。

マナーを守ることも、心地よく買い物をするために大切なこと。店に入るときは「こんにちは」と声をかけ、商品をみせてほしいときは「これをみせてもらえますか」と頼み、とにかく勝手に触らないこと。試着も、かならず声をかけてからにしよう。

ヨーロッパでの接客は一対一が原則なので、ほかの客を応対中のスタッフを呼びつけるといった行為もご法度《はっと》。ふさわしい客と認められれば、自分の順番のときに親切にしてもらえるはずだ。超有名店では、いかにも観光客とわかる人にはださない商品でも、きちんとした人には「じつは」とだしてきてくれたりすることもある。

●ツアーで立ち寄る店は要注意

ツアーの途中で連れていかれる免税店や土産物屋は、たしかに便利だし、日本語が通じて日本人好みの品物をそろえてはいるが、たいていは値段が高めに設定されていることが多い。

店によっては現地のふつうの店の2〜3倍、なかには10倍近い値段をつけているところもあるので要注意。

買い物をするなら、やはり現地の人たちが利用しているデパートなどを利用したい。

品ぞろえも豊富だし、店員の商品知識もしっかりしている。ただし、あまり値引き交渉には応じてくれないことが多いので、こういった店で、特売されているお値打ち品をみつけるのがいちばん賢いかも。

●商品を包装する時がアブない

「試着したり手にとってみたものと渡されたものが別物」なんてトラブルを防ぐために、受け取る商品は、包装してもらう前にかならず確認しよう。

サイズや色、数の確認はもちろん、キズ物や不良品でないかもチェック。品物を包むとき店の奥に引っ込むような怪《あや》しい店は、とくに気をつけなければならない。

どうしても店のなかで確認できない場合は、店の外にでたらすぐに開けて確認すること。もし、希望したとおりの商品でなかったり、不良品だったりと不都合な点を発見したら、あきらめたりせずに、取り換えるよう交渉する。

●カードでの買い物は金額に注意

カードをつかって食事やショッピングをするときは、とくに伝票を念入りにチェックし、正しい金額であることを確認してからサインするように心がけよう。イタリアのリラは換算率が大きいので、さほど高い物を買ったわけでなくても、ケタが大きく0がたくさん並ぶ。それだけに一つぐらい0の数を多めに書かれても、しっかりチェックしなければ見過ごしてしまう場合がある。ほかにも、合計金額の頭に数字を書き加えたり、コンマの位置をわざとずらしてあとで書き込んだりと、そのテクニックは実にいろいろ。

伝票を確認せずにサインをするのがカッコいいなどと思っている人もいるようだが、外国ではどんなに高級そうにみえる店であろうと、忘れずにチェックすること。慣れてくればカードほど便利なものはないが、不慣れな人はカードをつかわないほうが無難かもしれない。

ハンパなモノを買わないコツ

●アウトレット店で失敗しない法

日本でもおおいに人気を博しているアウトレットショップ（余剰在庫を格安の価格で販売する店）。アメリカには直営店を中心に50～１００もの店が集まった巨大アウトレットがあちこちにあるし、ヨーロッパには複数のブランドを扱う小規模な量販店が多い。キズ物だったり、シーズン落ちの在庫処分ではあるが、人気ブランドや憧れのアイテムが市価の2～7割も安く購入できるのだから、これを利用しないのはあまりにももったいない。

アウトレットで失敗しないコツは、キズや汚れをきちんと確かめてから購入することと、なるべくオーソドックスな商品を選ぶこと。あまり流行感のある色や形を選んでしまうと、去年の商品であることがバレバレになってしまうからだ。サイズも限られている場合が多いので、洋服や靴などは避けて、ストールやバッグなどを購入するようにしよう。

最後に忘れてはならないのが、ムードに流されないこと。安いからといって、あまり着ないデザインや色のものをあれもこれもと購入してしまうと、けっきょく損をする。

●財布を買う時はココに注意

海外でのお土産に財布を買う人がいるが、お札《さつ》を入れるタイプのものを購入する場合は、少し気をつけなければならない。日本のお札は海外のものよりサイズが大きいので、なにも考えずに購入してしまうと、帰国してからお札が入らなくてつかえないことがある。

日本のお札を実際に入れてみて、サイズに問題がないかどうかを確かめてから購入すれば安心。日本人が大勢訪れるようなショップならば、店員さんに聞くこともできるが、どちらにせよ財布を買うつもりならば日本のお札を一枚はもっていくようにしたい。

●"買ってはいけない"宝石

貴金属や宝石などは、あてずっぽうで入った店で購入するのはとても危険。信用のおける専門店やデパート、免税店で購入し、証明書をもらうことも忘れずに。

信用のおける店でさえ、かなり危険な宝石もある。たとえば、香港などでお土産品として売られているヒスイ。これは専門の宝石鑑定士でも50％の誤差が認められているという代物なので、ニセモノをつかまされる恐れがある。ほかにも、オパールやキャッツアイ、エメラルドなども鑑定がむずかしい。こうした宝石は、いくら安いと思っても、素人が海外で購入するのはやめたほうがいいだろう。

●"ニセモノ"の宝石を見抜くワザ

値の張る買い物をするときは、やはり信頼できる店を選ぶのがいちばんのポイント。とくに宝石などの場合は、保証書がついて

いるかどうかを確かめよう。「のみの市」などで思いがけずお買い得なものを発見したときには、すぐに飛びつかずに冷静にチェック。トルコ石やサンゴなどは、表面をこすってみたときに静電気がおきてホコリが吸いつくようなものは、プラスチック製である場合が多い。

また宝石でも、なかには色ガラスの裏に銀紙を貼っただけというものまであるので、要注意。

洋服の場合は、シルク100%だと手にもったときにフンワリと軽いので、すぐわかる。

大好評のお土産選びのコツ

●安物を多めに買っていく

海外旅行から帰ったあとで、旅行にいったことを意外な相手に知られてしまうというのは、よくある話。旅行にいくことを教えていなかった友人に、うっかりしゃべってしまったり、空港から家に帰る途中で近所の知り合いにバッタリ出会ってしまったり……。

そんなときのために、無駄になるのを承知で、お土産は少し多めに買っておくとよい。お菓子などの食べ物や、ちょっとした

●世界の定番みやげ

アメリカ	文房具、キッチングッズ、スポーツグッズ
ハワイ	アロハシャツ、ムームー、マカデミアナッツ、パイナップル、黒サンゴ、コナコーヒー
カナダ	カウチン・セーター、革製品、ひすい、メープルシロップ、海産物、イヌイットや先住民の工芸品
イギリス	陶磁器、アンティーク、カシミヤ製品、スコッチウイスキー、パイプ
フランス	セーブル焼、リモージュ焼、アンティーク、文房具、アクセサリー、化粧品、香水、スカーフ、ネクタイ、チョコレート
ドイツ	陶磁器、めがねフレーム、食器類、万年筆
スイス	ベルンの色彩陶器、時計、レース、チーズ、チョコレート
オーストリア	クラシックのCD、刺繍、チロリアンハット、チョコレート
イタリア	革製品、グラス、ブローチ、帽子
ギリシャ	アンティーク、金細工、古代模様の壷、絵皿
スペイン	タラベラ焼、マニセス焼、革製品、人形、フラメンコのカスタネット
ベルギー	手編みのレース、ビール、チョコレート
オランダ	デルフト焼、革製品、木靴、チーズ
北欧	陶磁器、ガラス器、木彫りのおもちゃ、彫金細工
韓国	ラデン漆器、高麗青磁、李朝白磁、アンティーク
香港	腕時計、アンティーク、ひすい、漢方薬
台湾	大理石製品、サンゴ製品、刺繍、茶、茶道具、すずり、漢方薬
シンガポール	宝石類、ピューター・ウェア、更紗、ワニ皮製品、民芸品
タイ	タイシルク、銀細工、籐製品、民族衣装
インドネシア	ジャワ更紗、インドネシア・オパール、バティック、コーヒー、木彫りのフクロウ
インド	サリー、インド綿、真鍮製品、木彫、ミニアチュール、宝石類
グアム	マリンスポーツ用品
オーストラリア	ブラックオパール、ブーメラン、ムートン、シープスキン

民芸品など、安物でいいから余分に買っておくと意外と重宝する。

●花の種や球根がオシャレ

たくさんの友達にちょっとずつお土産を渡したい、そんなときにはありきたりな口紅やチョコレートばかりでなく、ときには花の種や球根などを買うのはどうだろう。マンションでも小さなプランターや植《うえ》木《き》鉢《ばち》で育てられるし、楽しみが数か月つづくのもうれしい。ヨーロッパ一の花の王国オランダでは、空港でも売られているが、スイスの高山植物や、観光で立ち寄った庭園のお土産屋で買っておいてもいい。

　海外から種や球根を持ち込む場合には、空港で別に検《けん》疫《えき》を受けなければならないが、球根１００球未満のお土産程度の量であれば、その場で検査して持ち帰らせてくれることも多い。ただし土や害虫がついていたりすると、持ち込み禁止となるので注意。

●本当にいいお土産はコレ

　本当にいいお土産を選ぼうと思ったら、やはりその国の特産品を選ぶのがいちばんだ。当たり前のことではあるが、質がいいうえ、なにより価格が安い。

　たとえば、バンコクならシルクやレザー、タヒチなら黒真珠といった具合。バンコクのシルクは、世界的にも有名で、しかも質がよく、おまけに街にでてわざわざ購入しなくても、ホテルのアーケードで、街なかと同じぐらいの価格で質のいいものがいくらでも手に入る。

　海外旅行にでかけることが決まったら、まずその国にはどんな特産品があるのかを調べるようにしよう。

12

◉事件は決して他人事ではない!

身の安全 あなたを守る隠しワザ

物盗りから身を守る基本ワザ

●派手なファッションは危険

海外旅行だからとはりきって一張羅《いっちょうら》に身を包み、高価なアクセサリーをたんまりつけてでかける人がいるようだが、これは強盗やスリに「狙ってください」と申しでているようなもの。ただでさえ日本人は狙われやすいのだから、派手なファッションは危険きわまりない。

旅先での見物やショッピングには、むしろ現地の人の服装に近いカジュアルスタイルで歩こう。

キョロキョロしたりせず、何年もその町に住んでいるかのような雰囲気でゆったり歩いて、地元の人に溶け込むように心がけることが安全な海外旅行のための大切な心得なのだ。

●現地で洋服を購入する

いちばん簡単に現地の人の格好へと変身する方法は、現地で洋服を購入すること。でも、ブランドのバッグなどを提《さ》げて、「いかにも昨日現地で買いました」などという服装はタブー。あくまでも地元の庶民が利用するような店で購入したものを身につけることである。

奥の手としては、小道具に地元の新聞や雑誌などを抱える方法もある。

●ガイドブックは広げて見ない

旅先でガイドブックを広げているのはあまりカッコいいとはいえないし、犯罪者から目をつけられる可能性も大きくなる。なるべく人前でガイドブックを広げないように心がけたい。

前もって手帳に必要な情報だけを書きとめておいてもいいし、ガイドブックにカバーをかけておくのも一法。とにかく人目につかないようにするべき。

●人けのない場所を歩く極意

海外旅行で、なにがいちばん危険かといえば、人けのない場所を一人で歩くこと。とくに、夜おそくにさびしい場所を歩くのはもってのほか。これでは襲ってくださいといっているようなもの。

でも、道に迷うなどして、どうしても人通りのない道を歩かなければいけないような場合には、できるだけ道の真ん中を歩くようにしたい。ビルなどの物陰から突然強盗がでてくる場合を避けるためで、極端にいえば車道のど真ん中を歩くぐらいでいい。いうまでもなく、クルマには十分注意しなければならないが……。

●安全なカバンの持ち方とは

日本人は海外でのショッピングや観光のとき、あまりにも無防備だ。スリやひったくりにとっては絶好のカモとなってしまっている。

こんな被害にあわないためには、バッグは体の前に、抱えるようにしてもつようにしよう。

ショルダーバッグのひもを手首に巻いてもつと、ひったくられたときに手を痛めることが多いし、肩に掛けただけでは簡単にひったくられてしまうので、たすきがけにして体の前に下げておこう。

また、デイパック式（リュックなど）のバッグは背中にしょっているために、知らないうちにナイフで切られてしまい、財布だけ取られたというケースもあるからあまりすすめられない。

ひったくりにあい、荷物を離さなかったために大けがをしてしまったというケースもあるので、もし強盗などにあったら、むやみに抵抗するのはやめよう。

観光やショッピングのときはなるべく安めのバッグをもち、極力、現金をもち歩かないことも大切だ。

●治安の悪い国での持ち方

治安の悪い国では、貴重品の入ったカバンはたすきがけにしてもつといいということはすでに述べたが、じつは、これでもまだまだ不十分。

夜歩くときなど、さらに安心な状況にするためには、カバンをたすきがけにした上からジャケットを羽織《はお》る。見た目はいま一つだが、トラブルに巻き込まれるよりはよほどマシだ。

ちなみに、ウエストポーチ（腰バッグ）はひったくられる心配は少ないが、これは眼鏡やカメラと同様に日本人の象徴となっており、狙われる可能性が高いので避けたほうが無難。

ベルトを切ってポーチごととられてしまうケースもあるので、なるべく上着で覆うなどの工夫も。

上にジャケットをはおる
カバンはたすきがけ

現金のこっそり隠しワザ

●何か所かに小分けにしてもつ

盗難などの被害から身を守るには、やはり現金はなるべくもたずにトラベラーズ・チェックにするほうがよい。とくにアメリカなどでは、小さなスーパーでもクレジットカードが使えることが多いので、現金はあまり必要ではない。

どうしても必要な最低限度の現金は、スリから狙われにくいズボンの前ポケットや、リュックの背中側に入れ、残りの現金やトラベラーズ・チェックはパスポートと一緒に首からぶら下げる袋に入れておく、というのが定番だ。

ズボンのお尻のポケットや上着は、他人から手を入れられても気がつかないことが多いのでやめておいたほうがいい。

●現金は封筒の中に入れる

旅行先でトラベラーズ・チェックやカード、現金などを取られてしまったといった被害は少なくない。バッグごと盗まれてしまう事件も多いので、こうしたものはひとまとめにせず、少しずつ分散してもっといった工夫が必要だ。

現金やトラベラーズ・チェックだけを抜き取る被害も少なくないので、現金などはそれが現金であるということをわからせない工夫をしよう。

効果的な方法は封筒のなかに入れること。なかに現金を入れ、きちんと封をして、宛て名も書いて、さもこれからだす手紙のようにみせかけるのである。

これならふつうの泥棒もダマされること間違いなしだ。

●隠しポケットのつくり方

治安の悪い国では、貴重品は直接身につけておくのが鉄則。身につけるといっても、首からつり下げたりする程度では甘い。前後から挟《はさ》み込まれたり、数人に取り囲まれてはがい締《じ》めにされるといった方法で襲われるケースが多いので、この程度では簡単に盗られてしまう。

こうした強盗から貴重品を守るには、こちらも相当の用意が必要だ。まず一つは、ズボンのベルト部の内側に逆ポケットをつくる方法。逆ポケットというのは反転させないと取りだせない構造のもので、ベルトで確実に押さえられているので安心できる。

ズボンの裏側に隠しポケットをつくる方法もある。幅15センチ×長さ20センチぐらいのポケットを丈夫な木綿布でつくり、ウエストの内側に縫《ぬ》いつけるのである。このサ

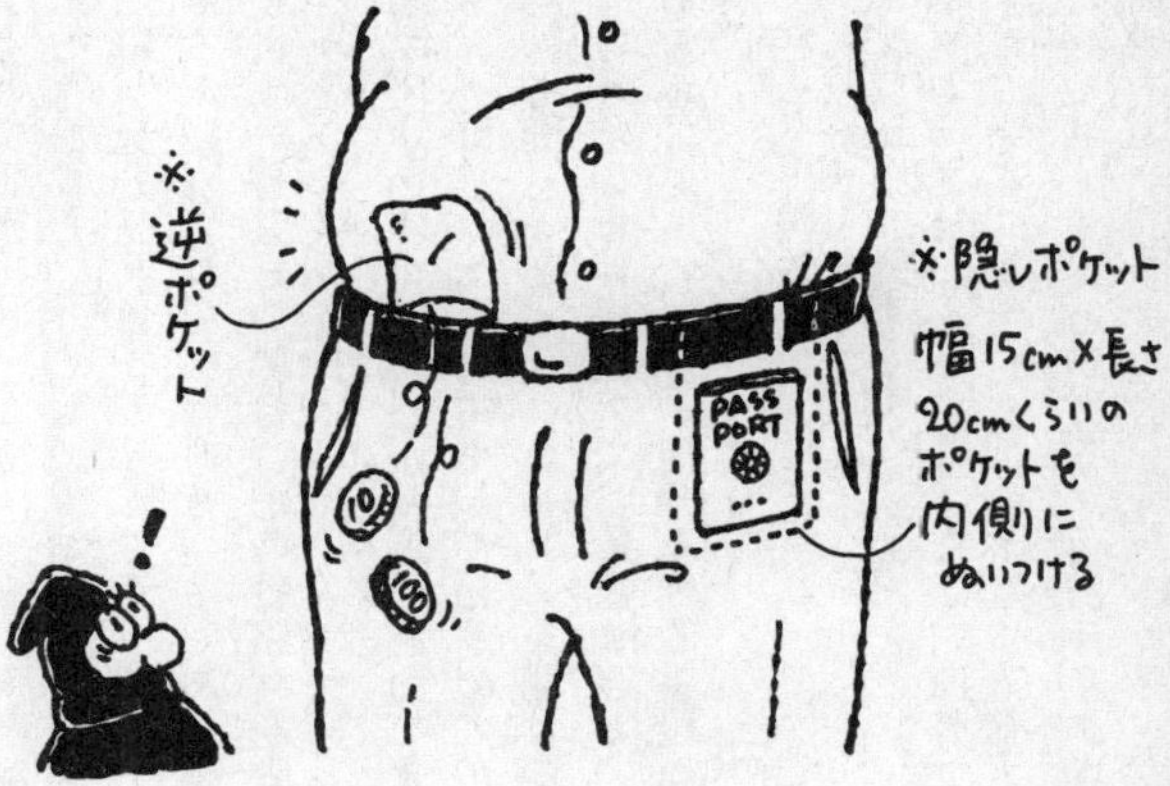
※逆ポケット
※隠しポケット
幅15cm×長さ20cmくらいのポケットを内側にぬいつける
PASS PORT
10
100

イズならパスポートも入るので、じつに重宝する。

そして究極が、現金を直接ズボンの内側などに縫いつけておくこと。治安の悪い国では、財布はスリの格好の的。スリに目標を与えないためにも、現金はむきだしのまま、分散させてもつようにしよう。

アブない人物から逃れるワザ

●警察官も信用できない

警察官やホテルの従業員になりすまして、日本人観光客を狙う犯罪が増えている。警察官らしい人に「ちょっとパスポートを預からせてほしい」といわれて渡したところ、まんまと盗まれた……というケースも。

制服を着ているからといって、決して信じてはいけない。とくにパスポートは安易に人に渡したりせず、つねに身につけておくことが必要だ。すこしでもおかしいと思ったら、身分証明書をみせてもらうこと。もちろん期限切れでないかも、ちゃんと確認しよう。警察官の場合は別の警察官を呼ぶというのも一つの手だ。

また、ホテルの従業員が部屋を訪ねてきても、一応フロントに電話して相手の名前や用件を聞くこと。軽々しくドアを開けるなどもってのほか。海外では慎重すぎるくらい慎重であることが、自分を守る手段なのだ。

●税関の役人に賄賂をねだられたら

本来あってはならないことだが、海外では税関の役人がそれとなく旅行者にワイロをねだってくることがある。百円ライターとかウイスキーのミニボトルといった些《さ》細《さい》なものから、ズバリ現金までさまざま。ねだられるのはだんぜん日本人が多いというのだから情けない話。トラブルを避けるためにホイホイ渡す人が少なくないために、日本人ばかりがターゲットにされてしまうのだ。

こんな不条理なことを断るには、とにかく言葉がわからないフリをすること。それとわかってもあくまですっとぼけて知らんぷり。うしろには別の旅行客も大勢並んでいるのだから、役人も一人にいつまでもかかわっているわけにいかず、あきらめてそのまま通してくれることだろう。

それでもねだってくるようなら、大声で文句をいおう。言葉は日本語で十分ＯＫ。相手も周囲の目があるし、もともとやってはいけないことをしているわけだから、あくまで強気で応対しよう。

知っ得情報

出国時に賄賂をとられないために

たとえばインドネシアのバリ島にいくときは、パスポートとイミグレーション・カード（出入国カード）を別々に保管するのが鉄則だ。バリ島では、出国するときにイミグレーション・カードがなくては出国できず、税関職員に「お金を支払えば出国させてやる」と賄賂《わいろ》を要求されることが少なくないのである。

イミグレーション・カードの紛失は、本人の過失によるものではないことが多い。飛行機にチェックインするときに航空会社のカウンターでパスポートを提示するが、このとき、パスポートからイミグレーション・カードを抜き取られたり、イミグレーションのカウンターで抜かれたりするのだ。そして出国審査のときに税関職員が賄賂を要求するということがある。

こうした被害を避けるには、パスポートとイミグレーション・カードを別々に保管すること。出発間際になって大使館に連絡しようとしても間に合わないので、くれぐれも注意しよう。

ちなみに、イミグレーション・カードがあっても職員が賄賂を要求してくることがあるが、こういう場合はあくまで言葉がわからないフリをしてとぼけること。もともと相手が不当な要求をしているわけだから、こちらが容易に金さえださなければ、やがてあきらめるはずだ。

日本とちがい、賄賂を要求してくる国は意外に多い。これを防ぐには毅然とした態度で臨み、先方に「この人には賄賂は通じないな」と思わせることが大切だ。

●悪者の後に出てくる善人に注意

外国には芸術的な腕前のスリが多く、スられたこと自体に気づかない場合も多い。

たとえば、わざとアイスクリームやケチャップを背中につけて、「アイスクリームがついていますよ」と接近し、上着の汚れを拭《ふ》きつつ、旅行者が動揺しているスキに財布や荷物を盗んでいく。

有名な手口だが、最近ではさらに手が込んでいて、「背中にアイスクリームが……」と声をかけてきた人物にたいして、横から別の人物が「その人は悪い人だ」といいながらあらわれる。そのスリが逃げていき旅行者が安心したところで、第二の人物が親切にアイスクリームをきれいに拭《ふ》いてくれ、ついでに財布も抜き取っていったなんて手口も。

こんなトラブルを避けるためにも、あわてず無視するか、「ノー・サンキュー」とでもいって退散するべきだ。相手がついてこなくなったら、トイレや人のいないところで拭くようにしよう。

●年配の旅行者は、子どもに注意

年配の人がヨーロッパや発展途上国にでかけるときは、近寄ってくる子供に注意が必要だ。こうした国では子供たちが集団で年配の旅行者を狙う犯罪が多い。

子供たちは、年配の旅行者とわかるや大勢で取り巻き、まとわりついてくる。旅行者が何事かとあっけにとられているうちに、ハンドバッグやポケットのなかに小さな手を突っ込み、財布などを抜き取ったかと思うと、一目散に逃げてしまう。なかには子供であることを利用して、親切な年配者から金品をダマし取ったりするケースもある。

こうした犯罪は、ほとんどの場合、大人が陰で子供たちを操っていて、両親は家で子供が成果を上げて帰ってくるのを待ちわびていたりすることが多い。子供といえども油断は大敵だ。

●微笑み返しに潜むワナ

イギリス、フランスなどヨーロッパ諸国の人々は、道ですれ違う人にあいさつ代わりに微笑みかけてくることが多い。もちろん、微笑み返すことも一つのマナーだが、じつは危険も潜んでいる。たまに、男性が女性に微笑みかけてきた場合、こちらもつられて微笑むと、「今夜はＯＫ」と勘違いされることがあるのだ。現に、微笑んでしまったばっかりに、半日つけまわされたという人の声も聞く。よく見極めて微笑み返したいものだ。

●〝タバコ1本もらえる?〟への対処法

同じくヨーロッパで、道を歩いているときによくかけられる言葉が「タバコ、もらえる?」や「火を貸して」といったもの。

歩きながらタバコをすう人が多いのと、タバコの値段が高いため、人にもらって節約するのがその原因。その都度あげていたら、自分のぶんがなくなってしまうし、ライターを貸したら、そのままもっていかれたということもある。

しかし、断ったばかりに刺されるという事件も勃発しているので、気前よくあげるか、道端ではタバコを取り出さないようにして、タバコをもっていないふりをするのが対処法といえるだろう。

●相手の勧める飲み物は口にしない

長距離バスや列車などに乗ったとき、隣

に座った人物がどんなに親切にみえても、どんなに美しい女性であっても、すすめられた飲み物は絶対に飲まないようにしよう。飲み物のなかに睡眠薬が入っていて、目が覚めると相手の姿はなく、自分は無一文になっていたといった被害が少なくないからである。なかには運転手と車掌が手を組んで、乗客全員を眠らせ金品を奪うという手口まである。長距離バスの運転手や車掌がすすめてくれるアルコールや飲み物も、なるべく飲まないほうがいい。

　相手があまりにも親切で、むげに断るのが心苦しいというようなときは、「ノーサンキュー。ビコーズ、アイアムブッディスト」といえばいい。仏教徒がジュースやコーヒーが飲めないというのも変な言い訳だが、その本人が仏教徒でない限りは怪しまれることもない。

●親切そうなホテル客が、じつは…

　旅行中、どんな危険があるかわからないから、たいていの時間は緊張して過ごす。ところが、ホテルに帰り着くと「どうやら無事にすんだ」と、ホッとして心がゆるむ。じつは、これこそが日本人旅行者がおちいりやすい落とし穴だ。外出しているときは緊張しているが、ホテルに戻ったとたんに気がゆるんでロビーにいる犯罪者にまで注意が回らないからである。

　当然ながら、いかにもアブナイ風体の人物は少ない。親切そうな紳士のふりをして近寄ってくる人物のなかに、詐欺師がいたりするのだ。くれぐれも表情や言動にだまされないこと。

　悪人たちにしてみれば、ホテルは旅行者をはじめ、それなりのお金持ちのカモがたくさん集まる絶好の場。さりげなく隣で新

知っ得情報

ニューヨークで地下鉄を待つ時は?

　治安がよくないことで有名なニューヨークの地下鉄。最近では、夜には警官が巡回するなど、ずいぶん改善されたが、夜間や日曜日、人の少ない時間帯には、やはり用心が必要だ。まず、ホームで列車を待つときには、改札口近くの〝Off Hour Waiting Area〟を利用する。ここは、つねに駅員からみえるところで、駅によっては監視カメラが備えつけられていることもあるので安心。

　乗る場所は、なるべく人がたくさん乗っている車両や、車掌がいる中央の車両にするとよい。

　とはいえ、夜間は駅周辺の治安が悪くなることも多いので、地下鉄の利用は避けるにこしたことはない。

聞を読んでいた紳士がいなくなったと思ったら、置いてあったスーツケースが一緒に消えていた、なんてことにならないように。のどかにみえる公園も、油断大敵。芝生に寝そべってのんびりしていると標的になりやすい。

命を守る究極ワザ

●すぐに渡せるお金を用意しておく

どんなに気をつけていても強盗に襲われてしまうことはありうる。そんなときはヘタに相手を刺激してお金をだし渋っているよりは、すんなり現金を渡してしまったほうがかえって安全である。こういうときのために、服のポケットやズボンの前ポケット、バッグのポケットなどにすぐに渡せるお金を入れておくといい。

もしも銃やナイフをつきつけられたら、まず両手をあげて無抵抗であることを示し、お金を要求されたらお金のありかを指でさしたり、口でいうこと。うっかり自分でポケットからだそうとすると、凶器をだすと勘違いされることもあるので要注意。

じつはこれは、警官から銃をつきつけられて職務質問されたときでも同じである。そして強盗の顔をジロジロみたりせず、なるべく目を合わせないようにすること。

●すぐに謝ってはいけない

たとえどんな状況であれ、外国で事故にあったとき、

「I am sorry（すみません）」

と絶対にいってはいけない。とくにアメリカでは。

日本人なら、とりあえず「すみませ〜ん」といっておけば、あとの処理がラクと考えがちだが、「sorry」はこちらに非があることを認める言葉。なんでも訴訟社会のアメリカでは、「あのときあなたは謝ったではないか」といわれ、すべてこちらの責任にされてしまう。

事故にあわないにこしたことはないが、相手があるだけにこちらの注意だけでは避けられない。ということは、相手になんらかの非のあるケースがほとんどのはず。ことは賠償問題に発展するのだから、くれぐれもご注意。

●カージャックから身を守る法

海外ではカージャック事件が頻発する。レンタカーをつかう人は、それを目印に外国人旅行者を狙う強盗もいるので、注意しなければならない。

クルマの乗り降りの際にできるスキは、じつはとても怖い瞬間ともいえるのだ。動作はできるだけ素早くおこなうのが鉄則。乗る前にゴソゴソ鍵を探していては危険。クルマに近づく前から手のなかにしっかりもっていること。

乗ったら、すぐにドアロックする習慣も身につけておかなければならない。

さらに注意する点は、街中や信号待ちのときは窓を閉めておく。見知らぬ人に停車を求められても、絶対に応じない。交差点などで停車する際には、前のクルマとの車間距離を十分に空けておく。むやみにクルマから降りたりしないこと。

万が一カージャックに襲われ、銃やナイフを突きつけられたら、抵抗せずにクルマをあけ渡すことも、最終的には命を守る手段である。

●危険な時は日本語で怒る

どこの国であれ、身近に危険が迫ったと感じたら、とりあえず日本語で、

「助けてえ!!」「泥棒!」「近寄るなあ〜!!」

「何するんだ?」

などと叫んでみよう。声が大きいことが唯一の条件だ。悪徳タクシーにボラれそうになったときも、

「いいかげんしろ!」「なめんじゃねえ!!」

などと日本語で叫んでみる。へたに英語で怒ったり抗議するより、母国語での怒りの表現は迫力があり、意味は通じなくても感情がストレートに相手に伝わる。これが意外な効果を発揮して、相手が思いとどまったり退散してくれるケースがあるのだ。ただし、相手が凶器をもったホールドアップだったら、殺されないうちにさっさと金品を渡したほうがいいのはいうまでもない。

●ハプニングの方向をみてはダメ

旅行先でなにか周辺でハプニングが起きたときには、そちらをみたい気持ちをグッとおさえて、あえて反対側をみるクセを身につけておこう。

たとえばカフェで休んでいるとき、窓の外でケンカがあったとしても、窓の外に注目してはダメ。とっさに逆の方向をみると、そこには自分がバッグから目を離す瞬間を待ち構えている犯人の姿があるかもしれない。数人がグループになり、わざと声をかけたりハプニングを起こしたりしてターゲットの注意をそらしたスキに盗むといった手段も少なくないので、どんなときにも油断してはならない。

さらに完璧を期するためには、たとえカフェで休んでいるときであろうと、バッグはたすきがけの状態にしておく。なんともみっともないし、少々落ち着かない感じもするが、ホテルのレストランでの朝食中に被害にあったというケースもある。スリの被害の多い国では「食事のときもたすきがけ」ぐらいの心構えが必要だ。

置き引きを防ぐ㊙ワザ

●荷物を足元に置く時のコツ

海外旅行のトラブルでとかく多いのが置き引き。カウンターで手つづきをするときやショッピングのときなどに、邪魔だからと荷物をヒョイと足元に置いたところ、気がつくと荷物は跡形もなく消えていたといった事件があまりにも多いのだ。自分の足元に置いているのに、である。

こうした置き引きから荷物を守るコツは、カバンは脇に置かずに足のあいだに挟むこと。足を大きく開いて荷物をまたぐような感じにしてしまうと、ヒョイと後ろから抜かれてもとっさに気がつかないことが多いので、荷物の後ろのほうをくるぶしの内側にぐっとあてて立つようにする。

　こうすればカバンの大部分は自分の体の前にあり、しかも体の一部で押さえているので、泥棒は手をだしにくいのである。女性でもあまり抵抗がないだろう。

●寝台列車で貴重品はココに隠す

治安の悪い国では貴重品を自分の体にぴったり装着するのが安全といわれるが、寝台列車のなかでは話が別。たとえシャツやベルトの内側などに現金を隠していたとしても、疲れて眠り込んでいたり、睡眠薬で眠らされているときに体を触られたら、簡単に貴重品のありかがわかってしまう。

　寝台列車に乗るとき、貴重品の入れ場所としてもっとも最適なのは、自分がもっているいちばん大きな荷物のなか。しかも、洗濯物や洗面用具入れのなかなどのみつかりにくい場所に入れておく。その荷物を網《あみ》棚《だな》にのせたあと、自転車用のチェーン錠でどこかにしっかり固定しておけば完璧。犯人は犯行にさほど長い時間をかけられるわけではないので、なるべくわかりにくい場所に隠すのがポイントだ。

●荷物は2個までに収める

いくつかの町や都市を巡る旅の場合、意外に多いのが荷物の行方不明事故や忘れ物トラブル。

これを避けるには、旅行中に荷物の数を変えないこと。大きなスーツケースのほかに、携帯荷物は2個までが限度。つまり機内持ち込み可能なサイズの手荷物とバッグだけにしたい。

買い物するたびに手荷物が増え、あっちもこっちもとやっていると、いちばん大切なバッグを置き忘れるなんてハメになりかねない。とくに旅の終盤は、疲れもあって注意力はおとろえ、荷物も多くなってくるので要注意。

お土産はすぐにスーツケースに詰めるとか、手荷物バッグにまとめるといった、こまめな持ち物整理が必須だ。

●寺院見学で靴を脱いだ時は

たとえばアジアの寺院見学など、大勢の人が集まる場所で靴を脱ぐことの多い旅行の場合、自分の靴がなかなかみつからなかったり、すりかえられてしまったりすることも珍しくない。そこで洗濯ばさみを一つ用意していこう。脱いだときに左右一緒にしてとめておけば、たくさん並んだ靴のなかでもすぐにみつけられるし、目立つので

すりかえられる心配もない。片方だけがどこかに行方不明なんて事態からも免れる。ポリ袋に入れておいたり、クリップでとめておくのも効果的だ。

タクシーの安全なワザ

●悪徳タクシーにボラれないために

それぞれの国の事情により、タクシーの扱いは変わってくる。日本人観光客の多い土地では、よくカタコトで話しかけてくるので気を許すと、料金をふっかけられたりする。

できればホテルに頼んで、呼んでもらうほうがいい。そのとき、ドアマンに頼んでクルマのナンバーを控えておいてもらうと万全だ。なにかトラブルがあったとき、ホテルのフロントサービスに報告すると、証拠になるからだ。

日本人はボラれても泣き寝入りすることが多いが、クレームをつけることをためらってはいけない。

たとえば、乗車してもメーターを倒さないといったときには、すぐその場で降車しよう。近いのにわざと遠回りされることもあるから、前もってドアマンにおおよその料金を確認しておくのを忘れずに。

●〝白タク〟には注意

海外でタクシーに乗るのは不安、という人は多いが、うまく利用すればやはり便利な交通手段だ。が、悪質な無許可のタクシー、いわゆる白タクには絶対に乗らないようにしたい。彼らは、だいたい空港や駅など人の集まるところでニコニコと声をかけてきて、荷物をもってクルマのところまで

●タクシーに乗る時に覚えておきたい会話

〈タクシー乗り場はどこですか〉

英　　語	Where《ウエア》 is《イズ》 a《ア》 taxi《タクスイ》 stand《スタンド》?
ドイツ語	Wo《ヴオー》 ist《イスト》 ein《アイン》 Taxisatand《タクスイシユタント》?
フランス語	Où《ウ》 est《エ》 la《ラ》 station《スタシオン》 de《ドウ》 taxi《タクスイー》 ?
イタリア語	Dove《ドヴ》 si《エスイ》 prende《プレンデイ》 il《イル》 tassi《タツスイ》?
スペイン語	Dónde《ドンデ》 hay《アイ》 una《ウナ》 pareda《パラーダ》 de《デ》 taxis《タクシス》?

〈この住所までお願いします〉

英　　語	Take《テイク》 me《ミー》 to《トウー》 this《デイス》 address《アドレス》, please《プリーズ》?
ドイツ語	Bringen《ブリンゲン》 Sie《ズイー》 mich《ミツヒ》 bitte《ビツテ》 zu《ツー》 dieser《デイーザー》 Adresse《アドレツセ》!
フランス語	A《ア》 cette《セツ》 addresse《タドウレス》, s'il《スイル》 vous《ヴ》 plait《プレ》
イタリア語	A《ア》 quest《クエスト》 indirizzo《インデイリツツオ》, per《ペル》 favore《フアヴオーレ》
スペイン語	Lléveme《リエーベメ》 a《ア》 esta《エスタ》 dirección《デイレクシオン》, por《ポル》 favor《フアヴオール》

案内することが多い。どんなに愛想がよくても、こういう客引きたちについていってはいけない。

タクシーに乗る場合は、かならず正規の乗り場から、というのが鉄則である。

また、空港やホテルのインフォメーションなどで目的地までのタクシー料金を聞いておき、乗車前に運転手に確認するとよい。「この人は慣れている」と思われるからだ。

●旅慣れた人が使う裏ワザとは

アメリカの大都市やロンドンでは、個別の携帯電話番号を教えてくれるタクシーが多いので、よくいく国で気に入ったドライバーがいれば、電話番号を聞いておいて利用するのもいい。彼らから裏話や情報をもらえるメリットもあったりする。

ただ、これは出張の多いビジネスマンや

旅慣れた人にあてはまる裏ワザ。慣れない人がうまくコミュニケーションもとれない状態でドライバーを信用すると、だまされることもあるので注意しなければならない。

良心的なタクシー会社などを、あらかじめ旅行会社の人に聞いておくのも一つの手段である。

●観光客と悟られない秘策

海外の観光地では、地元の価格よりも一段高い外国人プライスがまかり通っている。

これは乗り物の価格もまったく同じで、公共の電車やバスならともかく、タクシーや現地の乗り物（リキシャなど）は観光客とわかると、かなり高い価格を要求してくる場合がある。とくに観光地の観光スポットの前などは正規の料金より高額な金額を要求される可能性が高いので、同じタクシーを利用するにしても、観光スポットからすこし離れた場所で乗るようにするといい。ただし、夜間は危険なので避けたい。

●女性の一人旅は仲間を探す

海外で、空港から市内へ向かおうとしてタクシーに乗ったのはいいけれど、さんざんうろうろしたあげくに法外な料金をふっかけられ、「それは高すぎる」というと今度は脅され……なんていうのはよく聞く話。とくに一人旅の女性はカモにされやすい。

そうならないためにも、空港に着いてタクシーを探す前に、まずは同じような旅行姿の仲間を探し、一緒にいかないかと誘ってみよう。運よく、現地の事情に詳しい人だったらとても安心だし、そうでなくても一人よりはうんと心強い。おまけにタクシー代だって安くなるからしめたもの。

13

◉大切な写真をもっと素敵に！

旅の思い出 こだわりの洗練ワザ

旅の記録を美しく残すコツ

●より鮮明に記憶に残すワザ

旅先で撮った写真は、一枚一枚が大切な思い出。でも、ただ写真をアルバムに貼《は》るだけではちょっと味気ない。

そこで、思い出になりそうなものは、ひとまずなんでもかんでも持ち帰ってみよう。旅先で入手した地図や観光地の案内パンフレット、美術館などの入場券、地下鉄や汽車の切符、おいしかった食べ物屋さんの店カードや、公園で拾った落ち葉などなど。写真と一緒にアルバムに貼っておくと、旅の思い出が一段とふくらむことだろう。

●現地から絵はがきを送る

海外旅行にいくと、頭を悩ませるのがお土産。でも、お土産はなにも高いお金をだして買ってくればいいというものではない。相手が何か特別な物を期待しているというのなら話は別だが、本来は現地から絵はがきを送るだけで十分。旅の様子や元気でいることを伝えた現地の香りたっぷりの絵はがきは、もらった人にとってじつにうれしい品なのである。

　できれば記念切手を貼って送ってみよう。新年やクリスマスなどの期間限定ものや、観光名所の図柄などが入ったその土地ならではの記念切手なら、さらに喜ばれること間違いなしだ。

●絵はがき、ここに注意して

　絵はがきを書くときは、宛て名を書く前に切手を貼っておくのがコツ。海外の切手はサイズが大きいものが多いので、先に宛て名を書いてしまうと、あとで切手が貼れなくなってしまう場合があるのだ。

　ちなみに、あらかじめ買っておいた切手と切手がくっついてしまったような場合は、冷蔵庫にしばらく入れておけば簡単にはがれる。大きなホテルなら部屋に備えつけの冷蔵庫があるはず。一度お試しあれ。

●アルバムは2冊つくる

　海外旅行から帰ったあと、友達や会社の同僚などに旅先で写した写真をみせることがよくあるが、たいていの場合、写真の量は膨大で、また家族のスナップなど、他人がみてもおもしろくない写真もたくさん交じっていたりする。

　旅のアルバムは、友達用と家族用の２冊つくるのも一つの方法だ。

　友達用のアルバムには、旅行中に撮った写真のなかから、とくにきれいに写っているものを、風景中心に選んで、一つの観光ポイントにつき、見開き2ページ以内を目安にまとめる。

家族用のアルバムは、自分や家族のスナップなどの人物が中心。他人がみてもつまらないものでも、自分や家族には記念になる。家庭外にもちだすわけではないので、余白に思い出や感想などをありのまま書けば、たのしい旅日記となるだろう。

●ポストカードを利用する

旅先で訪ねた観光名所。自分のカメラでついパチパチと撮ってしまうが、ときにはそこで売られている絵はがきを買ってみるのもいい。

ほんの短時間しかいられない自分たちとちがって、プロの撮った写真は早朝、昼間、夕暮れ、夜景などいろいろな時間帯や角度からその場所を写しているから、美しさも段違い。また美術館などでは撮影禁止のところも多いので、気に入った作品の絵はがきを買っておくといい記念になる。

そうして手に入れた絵はがきは、ただ持ち帰るだけでなく、その日の日記代わりにいろんなことをメモして自分宛てに投函《とうかん》するのも一興。日付入りの現地の消印も珍しいし、なによりも帰ってきてから文面をみて「そういえばそんなこともあったっけ」と思い出すのも旅の楽しみの一つだ。

●写真の変色を簡単に直すワザ

せっかくの旅の思い出である写真が、さほど古くもないのに変色してしまったりすると、ガッカリ。でも、新しい写真の変色は、現像したときに水洗いが足りなくて薬品が残っているのが原因の場合が多いので、

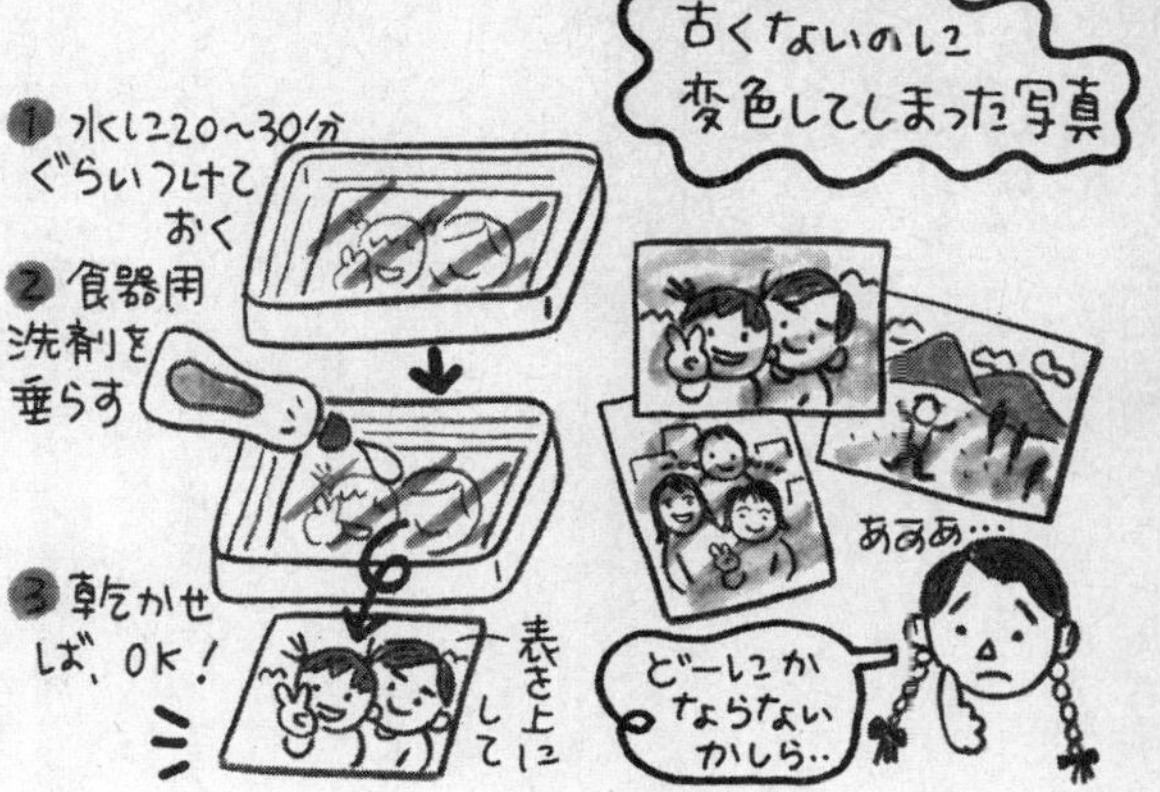
古くないのに
変色してしまった写真
① 水に20～30分ぐらいつけておく
② 食器用洗剤を垂らす
③ 乾かせば、OK！
表を上にして
あああ…
どーにかならないかしら..

もう一度水洗いすれば変色を止めることができるのだ。

方法は写真を20～30分程度水につけておき、水からだすときに食器用洗剤を少量垂らすだけ。あとは表を上にして室内で乾かしておくだけでいい。

大切な思い出にしたいという写真は、写真屋さんから受け取った日にこの処理をしておくといい。

●現地の人と写真を撮ったら…

外国を旅行してカメラをもっていると、地元の人に「フォト、フォト」と、写真を撮ってほしいとせがまれることがある。また、地元の人と親しくなって、記念に写真を撮らせてもらうこともあるだろう。そんなとき、住所を聞いて、「写真を送る」と約束したら、きちんと守ろう。

とくに、カメラが普及していない国の人は、その約束を覚えていて、写真が届くのを楽しみに待っている。送る気がないなら、約束しないことだ。写真を撮って送ってあげるのは、海外の人と友達になるいいきっかけだが、なかには撮ってほしくないという人もいるので、かならず相手の了承を得ることも大切だ。

カメラ、準備万端のコツ

●新品のカメラの落とし穴

せっかくの旅先での写真を失敗しないよう、新しいカメラやつかっていなかったカメラを旅行にもっていくときには、旅行前に、カメラの予行演習をしておこう。

遠くの景色、近くの建物、室内の人物、景色を背景に入れた人物など、さまざまなパターンで撮って、ちゃんと写るかどうか確認しておくと安心だ。

●飛行機内でカメラの日付を確認

飛行機内で日付変更線を越えてアメリカなどにいく場合、日付が1日前に戻ることになる。時計を現地時間に合わせたときには、カメラの日付データも忘れずに1日前に直しておこう。

日付変更線を越える国へ行くときは…
年／月／日 モード
00 5 3
変更する
日付／時間モード
3 9:23
カメラ
日付データ
なるほど…これで旅行中いつ、どこにいたか、一目瞭然ね！

また、ふだんは「年・月・日」としている人が多いだろうが、旅行のときには「日付と時間」のモードにしておいたほうが便利である。あとで写真を整理するときに、どちらの観光地に先にいったのか、移動にどれくらいかかったのかなど、時間の経過がひと目でわかる。

●フィルムや電池は多めに

海外ではフィルムは高いし、現地で買ったフィルムは、日本では現像できないということもある。フィルムは質も種類も日本のほうがずっと豊富だし、日本を発つ前に安売り店でまとめ買いしておけば、なお割安。少々荷物になると思っても、多めにしっかり用意していこう。

電池も、日本を出発する前に新しいものに取り替えておきたい。リチウム電池などは、まだ売っていない国も少なくないので、さほどつかっていない電池でも、日本を出発する前に思いきって新しいものに取り替えておけば安心だ。

●フィルム感度はどれくらいを選ぶ？

使い捨てカメラで十分というなら話は別だが、一眼レフカメラを海外旅行でつかうとき、フィルムは、ＩＳＯ感度の高いものをつかうといい。

ふつう、感度が高いほど仕上がりが粗くなるといわれるが、最近は素人でもつかいこなせるほど進歩しており、便利さの度合いをくらべると、ＩＳＯ４００くらいの感度に軍配があがりそうだ。

とくにヨーロッパの美術館などは、写真撮影ＯＫではあるものの、フラッシュ禁止だから、高感度フィルムの利点を生かした撮影をしたい。シャッターを押すだけのオートフォーカス、インスタントカメラでも、ＩＳＯ４００のフィルムを選んでおくと、手ブレによる失敗が少ない。

●ビデオはアダプターのチェックを

海外旅行先でビデオをつかうために充電用のバッテリーチャージャーをもっていく場合は、あらかじめでかける国の電圧とプラグの形を調べ、それに合ったものを用意していかなければならない。

コンセントの電圧は日本では１００ボルトだが、海外ではもっと高い国が多いので１００ボルトに変えるためのトランスが必要だし、プラグの形も日本のものとちがっている場合が多いので、アダプターも必要となる。

これらのチェックを忘れないように。

美しい写真を撮るコツ

●ピンボケを防ぐ基本ワザ

せっかくの写真が、仕上がりをみたらピンボケだったというのは、よく聞く話だ。これはたいてい、オートフォーカスカメラで、人物二人を撮影したとき起こるもので、並んだ人間のあいだのうしろの景色にピントが合ってしまったためだと考えられる。カメラが自動的に中央部分にフォーカスしてしまうのである。

これを防ぐには、フォーカスロックという初歩的なテクニックをもう一度思い出してほしい。

まず、並んだ人物のどちらか一方にピントを合わせるつもりでレンズを向け、シャッターを半押ししたところでカメラを横にふり、中央に戻してシャッターを切る。こ

ピントを確実に人物へ合わせるには…
1 人物のどちらかを中央の位置にくるようにレンズを向ける
2 シャッターを半押しにしてそのまま止める
3 シャッターを 2 の状態にしたまま横へカメラを動かして風景を中央の位置へ
4 シャッターを押す
シャッターの"半押し"がポイント！
よりキレイに写すには…？
白い服を着ると効果的
白いハンカチをひざの上に置く
白はライティングの役目をしてくれる

れは、名勝地などで風景を多めに入れ、人物をサイドに配した構図で撮影するときにもつかえるテクニックである。

　そして絶対に片一方の手での撮影は禁止。二の腕を脇にしっかり固定してから静かにシャッターを押す。絶対に失敗したくない場所では、携帯用の三脚をつかうのも一法だ。

●写真写りが見違える裏ワザ

　写真をさらに美しくみせるには、ライティングがポイント。ライトを当てて顔に反射させる方法のことで、シワやシミなどを隠し、肌もキレイにみえるために、若く、美しく写ることができる。

　といっても旅行の場では、本格的なライティング装置などはとても用意できない。そこでこんな裏ワザを。

　素人の写真撮影では、白い服を着たり、膝の上に白いハンカチを置くといったちょっとの工夫をするだけで、それらがカメラマンがつかうレフ板の働きをして、同じ効果が期待できる。屋外での撮影ならば、白い道や壁などを背景に探して撮影すれば効果大だ。

　ちなみに体や顔のむきも、美しく写るための重用なポイントだ。真っ正面からカメラと向き合うと、証明写真や手配写真のような感じになってしまう。斜めに構えたら、斜めから視線を送ったり、あごを少し引いて上目遣いにするなど、自分でいろいろ試してみよう。

●いい写真は構図で決まる

　リゾート地観光の記念になるのは、海岸線や山並みの風景写真。ナマでみていたときの迫力や雄大さが、できあがった写真からうかがえないというなら、それはフレーミング（構図）のとり方のまずさが原因ではないか疑ってみよう。

肉眼でみていたときと、四角く切り取られた写真とでは、印象がまるでちがってしまう。肉眼でみている部分のどこが切れて、どこが写るのかを確かめてシャッターを押そう。

さらに、その風景でポイントになるのはどこか、そのポイントを引き立てるにはどうすればいいかも確かめておこう。人物を入れ込むときも、風景とのバランスを考え、対象に近寄ってみたり、画面を横切ってもらったりする工夫も必要になる。

アップにするなら、ズームで引き寄せるか自分が近寄るかで印象がかなりちがってくるものだ。撮影者が立ったままか、しゃがむか、それだけでもインパクトがちがってくる。ファインダーをのぞいて、よくよく納得してからシャッターを押すことから、いい写真撮影の第一歩が始まる。

●逆光をうまく利用する法

証明書写真につかうような、正面をむいて「はい、チーズ」的なスナップ写真ばかりでは、旅の喜びや躍動《やくどう》感、心のときめきを記録したことにはならない。

ときには人物の顔がはっきりしなくても、風景と一体化した写真のほうが臨場感が伝わる場合だってある。そのとき役に立つのが、逆光を利用した撮影術。

髪の毛が光に透けていたり、体の輪郭に光があたって人物が浮きでたようにみえたりすると、また別の記念写真として印象に残る。対象となる人物の、斜め後ろから光がさしている状態で撮った半逆光の写真が、そんな仕上がりになるはずだ。

明るく素直な順光の写真、陰影が雰囲気を醸《かも》しだす逆光の写真。光を上手に使い分けて、多彩な旅の思い出アルバムに仕上げてほしい。

●逆光での写真の撮り方

もう一つ、逆光をつかった裏ワザを。

じつはちょっとした方法で、逆光でも順光のような写真を撮ることができる。写真の構図が決まったら、シャッターを押す手と反対の手をカメラの上にのせ、太陽の光を遮《さえぎ》るようにしてレンズに影をつくり、その上でフラッシュをたいて写真を撮るのである。

このとき、レンズが完全に影になるようにすることと、指がレンズに写り込まないように注意することが肝心だ。この方法さえ知っていれば、夕日を背にした写真も、真昼の海をバックにした南向きの写真もきれいに撮れる。

●ビデオカメラはここに注意

旅行先でビデオカメラをつかって撮影し、家に帰ってみたところ、画面が上下左右にぶれてみづらかったという経験はないだろうか。これは初心者によくある失敗で、撮影中にビデオカメラを振り回したことが原因。

また、撮り始めるときに撮るものを探してカメラをキョロキョロさせると、あとでみたときに落ち着かない感じになるので、周囲の状況をきちんとみてから録画ボタンを押すようにしたい。

ちなみに、カットの長さに注意することも、みやすい映像を撮影するための大切なポイントだ。たとえば動きのない風景などの場合でも、10秒程度は間を置かないとめまぐるしくなるので気をつけよう。

備えあればうれいなし。快適で楽しい旅は、まさにこの心構えなくしては語れません。そして、本書で紹介した３００のコツは、旅立つあなたの頼もしい〝備え〟になってくれることでしょう。

さあ、素敵な旅にいってらっしゃい。

◉左記の文献等を参考にさせていただきました――

「世界の街角から ―海外出張の達人―」舛井一仁（プロスパー企画）／「海外旅行(得)ゼミナール１９９９〜２０００」エアーリンクトラベル、瀧本泰行、瀧本文江・編（日経ＢＰ社）／「ほんとはコワ〜イ海外旅行」川合宣雄（第三書館）／「新版 海外旅行安全ガイド なれた人でもダマされる44の手口」樋口健夫、樋口容視子（風濤社）／「ハワイ旅行の女王様」河野比呂（光文社）／「初海外旅行へ行こう！」造事務所（大泉書店）／「気軽に出かけるはじめての海外旅行」喜田英屋（永岡書店）／「海外出張服装マニュアル」石川靖夫、ＪＯＢＡ・編（かんき出版）／「はじめての旅行ハンドブック」池上清一（ナツメ社）／「定年後は夫婦で「こだわり」の海外旅行をしよう」釜本美佐子（亜紀書房）／「リピーターのための裏わざパックツアー術」川合宣雄（武蔵野文藝舎）／「体験手づくり世界旅」世界ケチ研・編（東京堂出版）／「海外生活の本」（アスペクト）／「超・海外旅行術」大野益弘（日地出版）／「笑っちゃうけどほんとのイタリア」多田洋子（日地出版）／「女性のための海外でお金と命を守る法」樋口容視子（サンドケー出版局）／「熱帯諸国への完全旅行マニュアル」船尾修（同文書院）／「新版 快！潔！アジアひとり旅」日比野宏（新評論）／「海外旅行の王様 もっとおいしい裏ワザ集」河野比呂（光文社）／「ひとり旅 これで十分おたすけブック」大森みつえ（実業之日本社）／「お母さんたちの海外旅行」喜田英屋（出版館ブック・クラブ）／「後悔しないための海外旅行術」神谷吉紀（舵社）／「１０００円でもトクしたい人の最新・格安海外旅行術」小菅宏（はまの出版）／「女性のためのトラブル知らずの海外旅行術」森優子（晶文社出版）／「Ａクラス海外旅行」桐山秀樹（マガジンハウス）／「極上の地球旅行・コツのコツ」おそどまさこ（自由国民社）／「はじめての海外旅行安心ガイド」（池田書店）／「はじめての海外旅行」菊池由紀（西東社）／「頭のいい海外旅行のやり方」藤田榮一（中経出版）／「10万円得する海外旅行術」（アスペクト）／「達人の海外旅行術／アジア編」（宝島社）／「海外旅行１０１の楽しみ方」大隈秀夫（法研）／「初めての子連れ海外旅行」深井聡男、深井節子（主婦と生活社）／「海外旅行(得)ルール＆マナー」山下マヌー（小学館）／「知って得する家事のアイデア３００」新生活研究会・編（創元社）／「海外旅行をスーパー楽しくするコツ76編」おそどまさこ（毎日新聞社）

KAWADE
夢文庫

海外旅行の裏ワザ・隠しワザ

二〇〇〇年四月一日　初版発行

著　者……平成暮らしの研究会［編］

企画・編集……夢の設計社
東京都新宿区山吹町二六一 〒162-0801
☎〇三―三二六七―七八五一（編集）

発行者……若森繁男

発行所……河出書房新社
東京都渋谷区千駄ヶ谷二―三二―二 〒151-0051
☎〇三―三四〇四―一二〇一（営業）
http://www.kawade.co.jp/

装　幀……川上成夫

印刷・製本……中央精版印刷株式会社

版下作成……イールプランニング

定価はカバーに表示してあります。落丁本・乱丁本はおとりかえいたします。
ISBN4-309-49333-5 Printed in Japan